学習用語とイメージ図で学ぶ

「光村国語」新登場教材の授業づくり

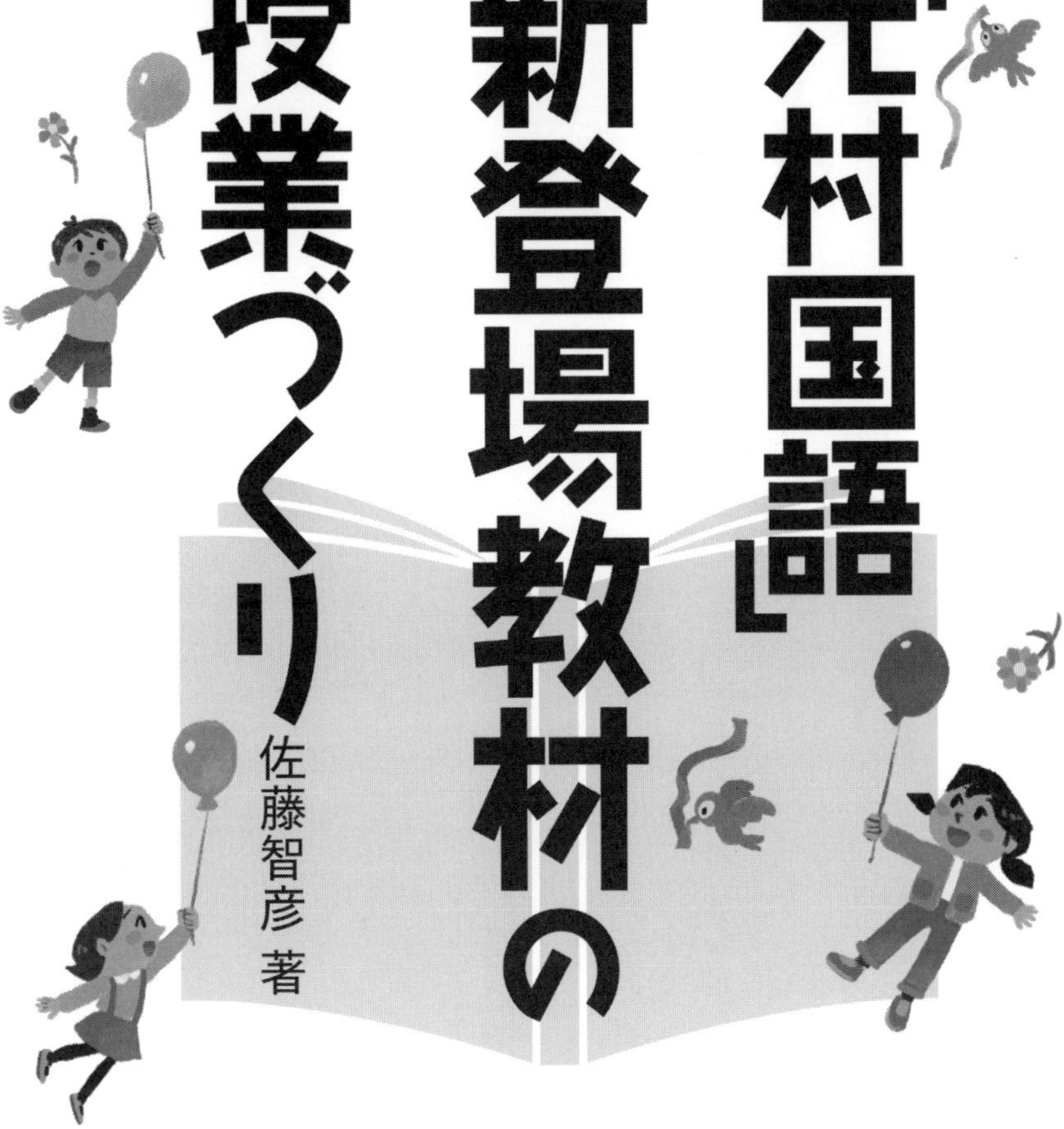

佐藤智彦 著

学芸みらい社
GAKUGEI MIRAISHA

本書の見方

本書は、授業プランが掲載されているページと、学習用語とイメージ図が掲載されているページに分かれています。なお、授業プランは、読解（読むこと）の学習に特化しています。

授業プラン

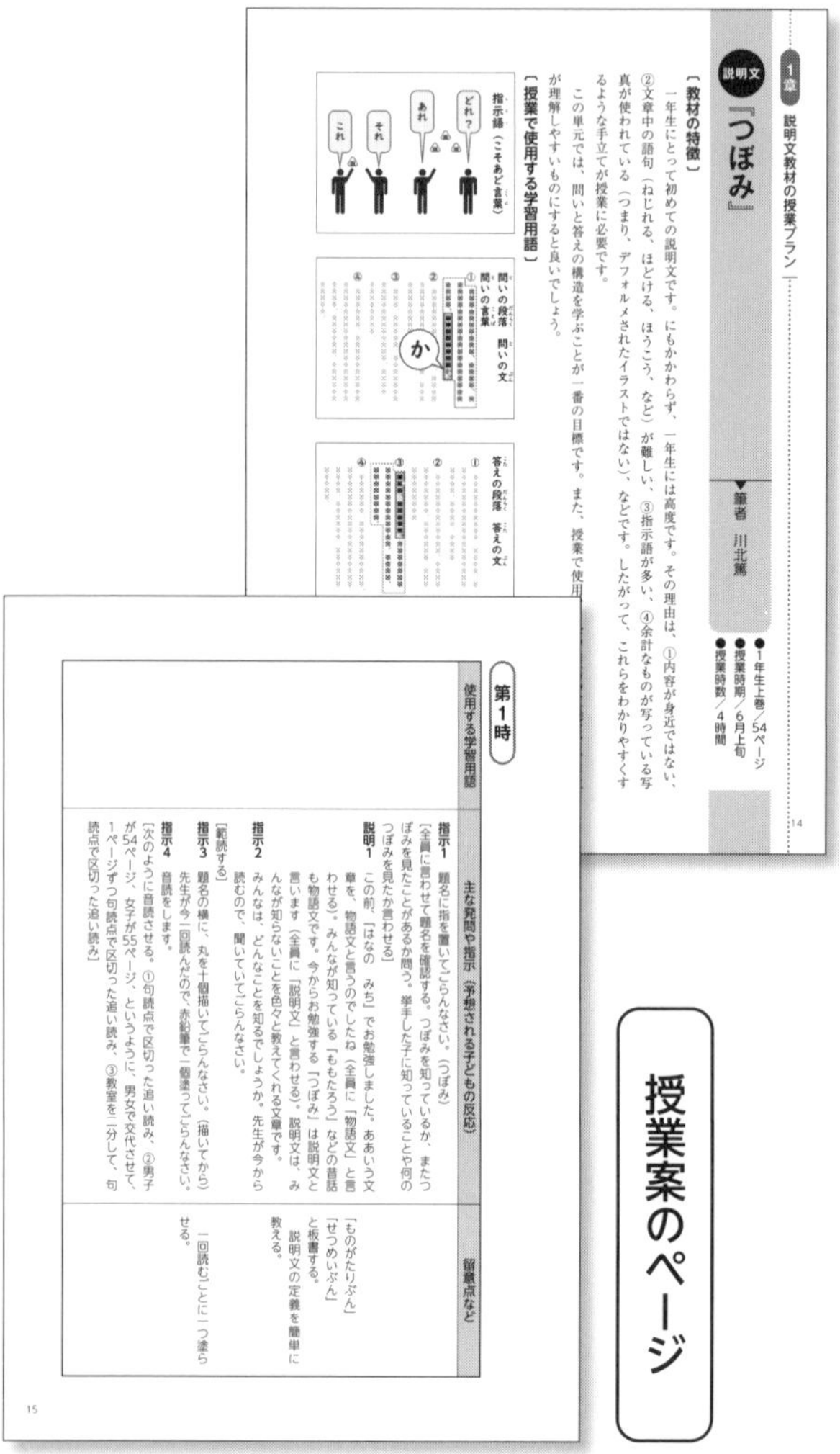
1章 説明文教材の授業プラン

説明文 『つぼみ』

筆者 川北篤

●1年生上巻／54ページ
●授業時期／6月上旬
●授業時数／4時間

【教材の特徴】

一年生にとって初めての説明文です。にもかかわらず、一年生には高度です。その理由は、①内容が身近ではない、②文章中の語句（ねじれる、ほどける、ほうこう、など）が難しい、③指示語が多い、④余計なものが写っている写真が使われている（つまり、デフォルメされたイラストではない）、などです。したがって、これらをわかりやすくするような手立てが授業に必要です。

この単元では、問いと答えの構造を学ぶことが一番の目標です。また、授業で使用が理解しやすいものにすると良いでしょう。

【授業で使用する学習用語】

指示語（こそあど言葉）

問いの段落　問いの文　問いの言葉

答えの段落　答えの文

14

第1時

使用する学習用語	主な発問や指示（予想される子どもの反応）	留意点など
	指示1 題名に指を置いてごらんなさい。（つぼみ） ［全員に言わせて題名を確認する。つぼみを知っているか、またつぼみを見たことがあるか問う。挙手した子に知っていることや何のつぼみを見たか言わせる］ **説明1** この前、「はなの　みち」でお勉強しました。ああいう文章を、物語文と言うのでしたね（全員に「物語文」と言わせる）。みんなが知っている「ももたろう」などの昔話も物語文です。今からお勉強する「つぼみ」は説明文と言います（全員に「説明文」と言わせる）。説明文は、みんなが知らないことを色々と教えてくれる文章です。 **指示2** みんなは、どんなことを知るでしょうか。先生が今から読むので、聞いていてごらんなさい。 ［範読する］ **指示3** 題名の横に、丸を十個描いてごらんなさい。（描いてから）先生が今一回読んだので、赤鉛筆で一個塗ってごらんなさい。 **指示4** 音読をします。 ［次のように音読させる。①句読点で区切った追い読み、②男子が54ページ、女子が55ページ、というように、男女で交代させて、1ページずつ句読点で区切った追い読み、③教室を二分して、句読点で区切った追い読み］	「ものがたりぶん」「せつめいぶん」と板書する。 説明文の定義を簡単に教える。 一回読むごとに一つ塗らせる。

15

教材文の説明ページ

授業案のページ

学習用語・イメージ図

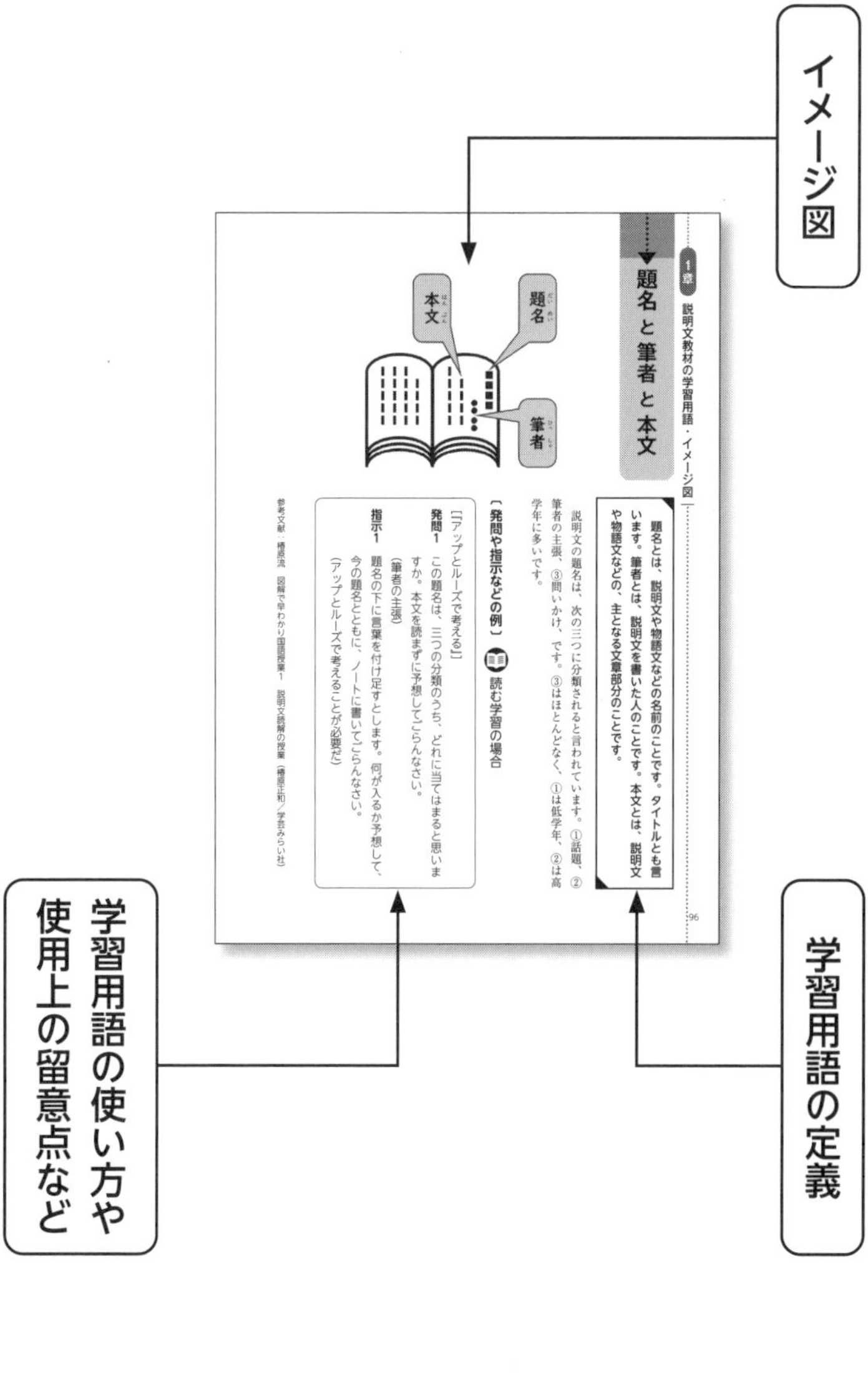

イメージ図
学習用語の定義
学習用語の使い方や使用上の留意点など
1章 説明文教材の学習用語・イメージ図
題名と筆者と本文
題名
本文
筆者
題名とは、説明文や物語文などの名前のことです。タイトルとも言います。筆者とは、説明文を書いた人のことです。本文とは、説明文や物語文などの、主となる文章部分のことです。
説明文の題名は、次の三つに分類されると言われています。①話題、②筆者の主張、③問いかけ、です。③はほとんどなく、①は低学年、②は高学年に多いです。
〔発問や指示などの例〕 読む学習の場合
[『アップとルーズで考える』]
発問1 この題名は、三つの分類のうち、どれに当てはまると思いますか。本文を読まずに予想してごらんなさい。
(筆者の主張)
指示1 題名の下に言葉を付け足すとします。何が入るか予想して、今の題名とともに、ノートに書いてごらんなさい。
(アップとルーズで考えることが必要だ)
参考文献：椿原流 図解で早わかり国語授業1 説明文読解の授業（椿原正和／学芸みらい社）
96

まえがき

令和六年度から、国語教科書が変わります。これまであったいくつかの教材が姿を消し、別の教材が入りました。

子どもの国語の力をよりよく伸ばすための新教材が取り入れられた

と言えるでしょう。

どんな教材でもそうですが、「子どもに指導すべきポイントをしっかり押さえた授業」が必要です。しかし、初めて見る教材ゆえに、どう授業するのか、とまどう先生方もいらっしゃるかも知れません。

そこで本書では、光村図書の国語教科書における新教材の「授業プラン」を掲載しました。国語の授業をどう進めれば良いのか、発問や指示などで具体的に提示しています。特に、若手の先生方に知っていただきたい内容をふんだんに盛り込みました。

また、「学習用語」や「イメージ図」を扱っています。私は、国語における学習用語やイメージ図を、次のように定義しています。

> 学習用語とは、国語の授業や学習を効果的に行うために使用する、国語科特有の内容や、方法などを表す語句のことです。
>
> イメージ図とは、学習用語の抽象的な定義や概念などを、具体的に描き表した絵や図などのことです。

学習用語を用いると、授業が大きく変化します。『スイミー』でも、『すがたをかえる大豆』でも、『大造じいさんとガン』でも、学習用語を使って授業すると、子どもたちは「国語の授業が楽しい」と言います。例えるならば、学習用語を知ることは、武器を持つことと同じです。何を使って、どう教材文に立ち向かえば良いのか、教師も子どももメタ認知できるのです。

ただし、学習用語の多くは抽象的です。子どもに定義を説明しただけでは、使い方が伝わりにくい――。それが今までの国語授業における「難点」でした。これを解決するために、学習用語のイメージ図を作成しました。学習用語の定義や概念を、小学生が見ても理解できるよう、イメージ化したのです。

六年生を担任したとき、『『鳥獣戯画』を読む』を授業しました。この説明文では、「要旨を素早くとらえること」を目標にしました。第一時に範読をし、第二時には三十字以内で要旨を書かせることができました。この段階ですでに、単元の八十%は完了できたと言えるでしょう。

授業では、下の二つのイメージ図が役立ちました。「説明の型」や、まとめの段落の重要な一文が「要旨」になるということが、一目瞭然。子どもたちにわかりやすかったからです。

ぜひ、本書を活用して、多くの子どもたちに本物の国語の力をつけて欲しいと願っています。

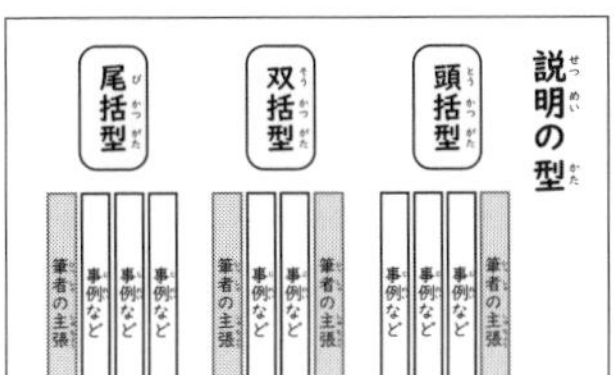

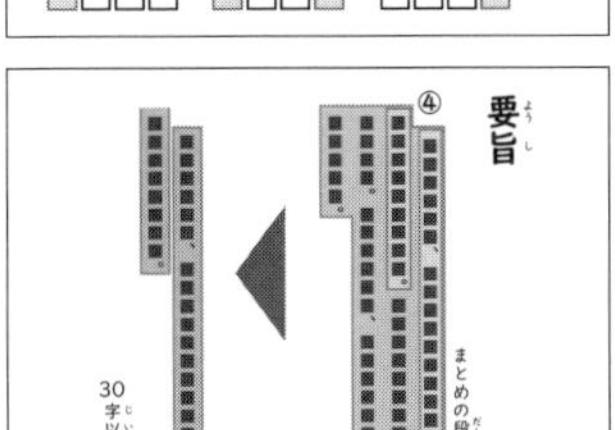

佐藤智彦

目次

3章　詩教材の授業プラン

4章　俳句教材の授業プラン

〈掲載教材の指導スポット〉

●説明文

1年『つぼみ』（川北篤）［4時間］【指示語、問いの段落、問いの文、問いの言葉、答えの段落、答えの文、比喩】
2年『ロボット』（佐藤知正）［4時間］【問いの段落、問いの文、問いの言葉、答えの段落、答えの文、文章構造図】
4年『未来につなぐ工芸品』（大牧圭吾）［3時間］【トピック・センテンス、筆者の主張と事例、要点、要約、要旨】
6年『「考える」とは』（鴻上尚史、石黒浩、中満泉）［3時間］【筆者の主張と事例、説明の型、要旨】

●物語文

2年『みきのたからもの』（蜂飼耳）［4時間］【登場人物】
4年『友情のかべ新聞』（はやみねかおる）［4時間］【登場人物、中心人物と対役、事件、モチーフ、主題】
5年『銀色の裏地』（石井睦美）［3時間］【登場人物、中心人物と対役、対比、人物関係、比喩】
6年『ぼくのブック・ウーマン』（ヘザー＝ヘンソン）［3時間］【設定、一人称視点、事件、クライマックス、モチーフ、主題】

●詩

1年『おいわい』（にじ　ひめこ）（工藤直子）［1時間］【比喩】
3年『うみ（一部）』（林柳波）［1時間］【対比、対句】
3年『ふじ山』（一部）（巌谷小波）［1時間］【擬人法】
4年『上弦の月』（堀田美幸）［1時間］【連、体言止め、対句】
5年『かぼちゃのつるが』（原田直友）［1時間］【リフレイン、擬人法、比喩、主題】
6年『準備』（高階杞一）［1時間］【倒置法、対句】

●俳句

4年『七夕や心もとなき朝ぐもり』（高橋淡路女）［1時間］【季語、切れ字、体言止め、対比、作者と話者】
5年『日本の空の長さや鯉のぼり』（落合水尾）［1時間］【季語、切れ字、強調（感動の中心）】

第Ⅱ部 学習用語とイメージ図・授業の指導用語

1章 説明文教材の学習用語・イメージ図

2章　物語教材の学習用語・イメージ図

3章　詩の学習用語・イメージ図

4章 俳句の学習用語・イメージ図

5章 テストの学習用語・イメージ図

※学習用語をそれぞれのカテゴリーで分けていますが、たとえば「視点」などのように、物語文だけでなく、詩や俳句でも使われる語句もあります。

●学習用語イメージ図のデータはこちらからダウンロードできます。

説明文教材

物語文教材

詩

俳句

テスト

第Ⅰ部

令和6年度～
光村国語教科書　新教材対応

授業プラン

教材の特徴と授業の流れ／指導案

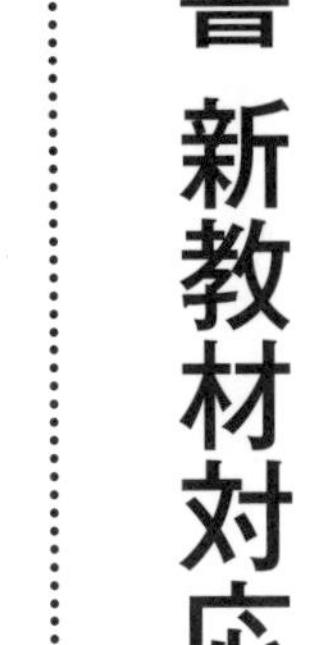

説明文

『つぼみ』

筆者　川北篤

●1年生上巻／54ページ
●授業時期／6月上旬
●授業時数／4時間

【教材の特徴】

一年生にとって初めての説明文です。にもかかわらず、一年生には高度です。その理由は、①内容が身近ではない、②文章中の語句（ねじれる、ほどける、ほうこう、など）が難しい、③指示語が多い、④余計なものが写っている写真が使われている（つまり、デフォルメされたイラストではない）、などです。したがって、これらをわかりやすくするような手立てが授業に必要です。

この単元では、問いと答えの構造を学ぶことが一番の目標です。また、授業で使用する学習用語の定義は、一年生が理解しやすいものにすると良いでしょう。

【授業で使用する学習用語】

指示語（こそあど言葉）

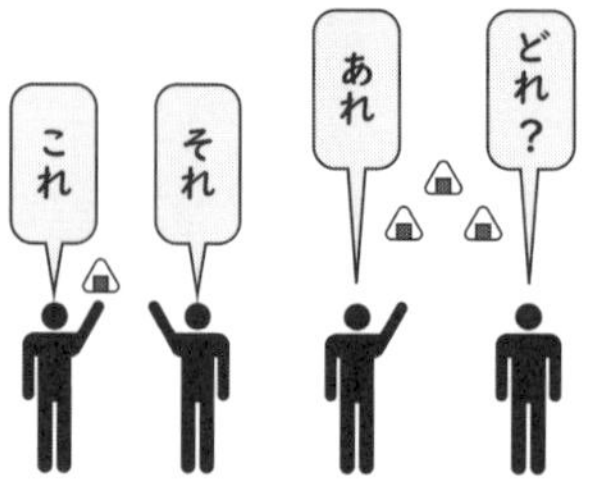

問いの段落　問いの文
問いの言葉

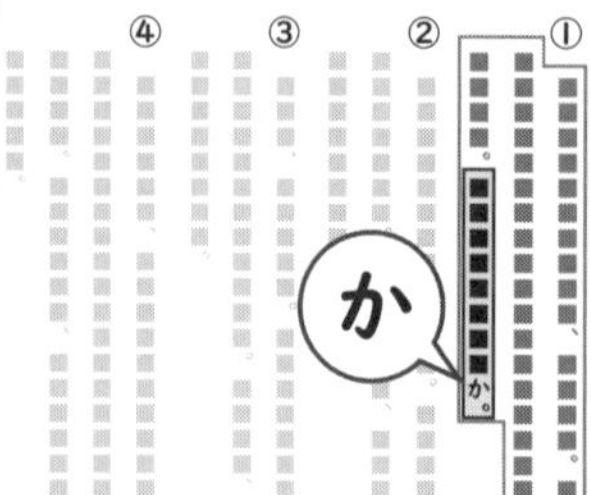

答えの段落　答えの文

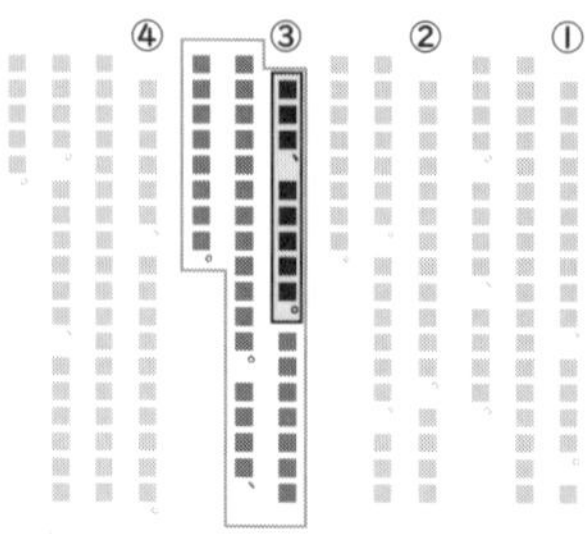

比喩

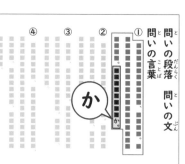

①　矢のように鳥たちが飛んでいく

②　炎の心を持ち続けろ。

第1時

使用する学習用語	主な発問や指示（予想される子どもの反応）	留意点など
	指示1　題名に指を置いてごらんなさい。（つぼみ） ［全員に言わせて題名を確認する。つぼみを知っているか、またつぼみを見たことがあるか問う。挙手した子に知っていることや何のつぼみを見たか言わせる］ **説明1**　この前、『はなの　みち』でお勉強しました。ああいう文章を、物語文と言うのでしたね（全員に「物語文」と言わせる）。みんなが知っている『ももたろう』などの昔話も物語文です。今からお勉強する『つぼみ』は説明文と言います（全員に「説明文」と言わせる）。説明文は、みんなが知らないことを色々と教えてくれる文章です。 **指示2**　みんなは、どんなことを知るでしょうか。先生が今から読むので、聞いていてごらんなさい。 ［範読する］ **指示3**　題名の横に、丸を十個描いてごらんなさい。（描いてから）先生が今一回読んだので、赤鉛筆で一個塗ってごらんなさい。 **指示4**　音読をします。 ［次のように音読させる。①句読点で区切った追い読み、②男子が54ページ、女子が55ページ、というように、男女で交代させて、1ページずつ句読点で区切った追い読み、③教室を二分して、句読点で区切った追い読み］	「ものがたりぶん」「せつめいぶん」と板書する。 説明文の定義を簡単に教える。 一回読むごとに一つ塗らせる。

使用する学習用語

主な発問や指示（予想される子どもの反応）

発問1 つぼみとは何ですか。次の四角にどんな言葉が入るか、考えてごらんなさい。

> つぼみは、ひらいたら □□になる。

［思い付いた子全員に言わせる。発言したことを褒める。正解の「はな」を当てはめて、読ませる］

発問2 何の花が出てきましたか。お隣の人と言い合ってごらんなさい。（あさがお、はす、ききょう）

［指名して言わせる。あさがお、はす、ききょうの順番で板書する］

> **指示5** この三つのつぼみが開いて花になる様子を見せます。見ながら、感想を考えてごらんなさい。

［YouTubeなどにある、それぞれの開花シーンの動画を一つずつ流す。見た感想を言わせる］

［時間があるなら、自分の端末でも動画を見せる。動画にすぐアクセスできるよう、教師は事前にショートカットなどを作成して配付しておくと良い］

指示6 『つぼみ』をおうちでも読んでいらっしゃい。

留意点など

わからなければ、教科書に出てきた言葉だと教える。

仮に「チューリップ」などと間違っても、「あ、チューリップね。それは出てきてないけど、チューリップのつぼみと花も見てみたいね」などとフォローする。

開花の音に注目させても良い。どんな音だったか、真似して表現させると盛り上がるだろう。

第2時

使用する学習用語	主な発問や指示（予想される子どもの反応）	留意点など
	指示1 音読をします。 ［次のように音読させる。①句点で区切った追い読み、②男子が54ページ、女子が55ページ、というように、男女で交代させて、1ページずつ句点で区切った追い読み、③教室を二分して、句点で区切った追い読み］	前時は句読点読み、本時は句点読みである。
	指示2 55ページを開けてごらんなさい。「さきがねじれた　つぼみ」と書いてあります。どこですか、指を置いてごらんなさい。	
	指示3 そこを鉛筆で囲みます。先生と同じようにしてごらんなさい。 ［囲ませた部分を読ませる］	教科書ページを拡大コピーしたものなどを見せ、まず教師が手本を示す。
	指示4 「さきが　ねじれた　つぼみ」とは、写真のどこですか。指でぐるぐると囲んでごらんなさい。 ［一人を指名し、全体の前で教科書ページの拡大コピーなどを指で囲ませる］	
	指示5 そこを鉛筆で囲みます。先生と同じようにしてごらんなさい。	まず教師が手本を示す。
	指示6 文と写真を線で結びます。先生と同じようにしてごらんなさい。 ［57ページの「おおきく　ふくらんだ　つぼみ」と写真、59ページの「ふうせんのような　かたちを　した　つぼみ」と写真も同様に作業させる］	まず教師が手本を示す。59ページには、ききょうのつぼみが六つある。囲むのは一番大きいものだけで良い。

使用する学習用語

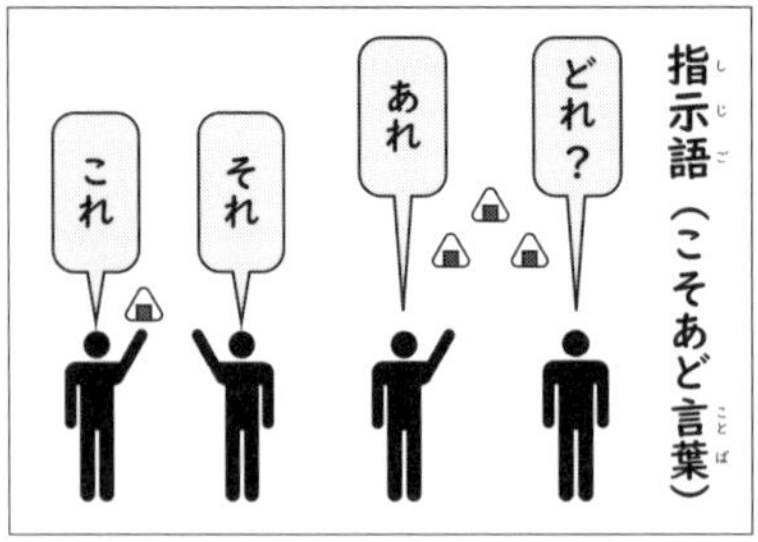

指示語（こそあど言葉）
どれ？
あれ
それ
これ

主な発問や指示（予想される子どもの反応）

発問7　55ページを開けてごらんなさい。「これは」と書いてあります。どこですか、指を置いてごらんなさい。

指示8　「これ」を鉛筆で囲んでごらんなさい。

指示9　「これ」と「さきが　ねじれた　つぼみ」のところを、線で結びます。先生と同じようにしてごらんなさい。

指示10　「これ」に「さきが　ねじれた　つぼみ」を当てはめて読みます。まず先生が読むので、聞いていてごらんなさい。

［その後、追い読みをさせ、一斉読みをさせる］

説明1　説明文では、「これ」という言葉が大事です。「これこれ言葉」と言います。言ってごらんなさい。（言わせてから）さっきみんなが読んだように、「これ」が何なのか、言葉を当てはめて読むことも大事です。

［57ページの「これ」、59ページの「これ」も同様に行う］

［最後に、出来上がった次の文章を交代読みをさせる。

①「さきが　ねじれた　つぼみです」

②「さきが　ねじれた　つぼみは、なんの　つぼみ　でしょう」

①を教師、②を子ども、のように交代読みをさせる。3ページとも行い、授業を終える］

留意点など

まず教師が手本を示す。

一年生にもわかりやすいように、「こそあど言葉」を「これこれ言葉」という言葉にアレンジする。

子どもたちがやり方をわかってきたら、自分でさせたい。

第3時

使用する学習用語

問いの段落　問いの文
問いの言葉

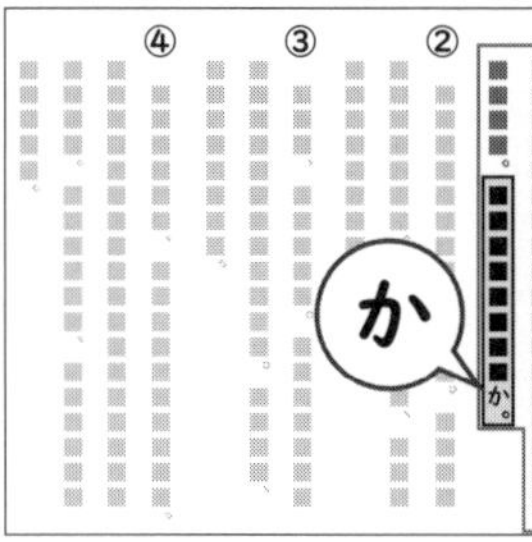

主な発問や指示（予想される子どもの反応）

指示1　音読をします。

［次のように音読させる。①男子が54ページ、女子が55ページというように、男女で交代させて、1ページずつ句点で区切った追い読み、②一斉読み、③一人読み］

指示2　今から簡単なクイズをします。わかったら手を挙げてごらんなさい。

［次のような簡単な質問文を黒板などに一つずつ提示して、読ませ、答えさせる］

（1）みんなは、なんねんせい　でしょう。
（2）せんせいの　なまえは、　なんでしょう。
（3）きょうの　てんきは　どうでしょう。

説明1　こういうクイズの文を「問いの文」と言います。言ってごらんなさい。

指示3　55ページを開けてごらんなさい。ここにもクイズのような「問いの文」があります。どこですか。見つけたら指を置いてごらんなさい。

指示4　その文を赤鉛筆で囲みます。（これは、なんの　つぼみでしょう。）先生と同じようにしてごらんなさい。

指示5　クイズのような「問いの文」はまだあります。どこですか。見つけたら指を置いてごらんなさい。

［二つある。指示4と同様に囲ませる］

留意点など

前時では指示語の部分に指し示す言葉を当てはめて読ませたが、本時では本文の記述どおり指示語はそのまま読ませる。

まず教師が手本を示す。

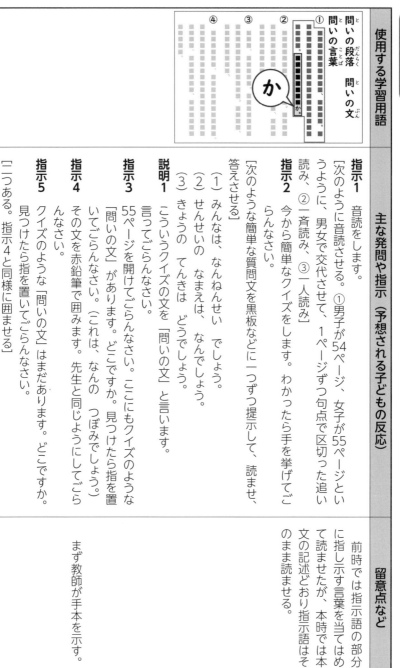

使用する学習用語

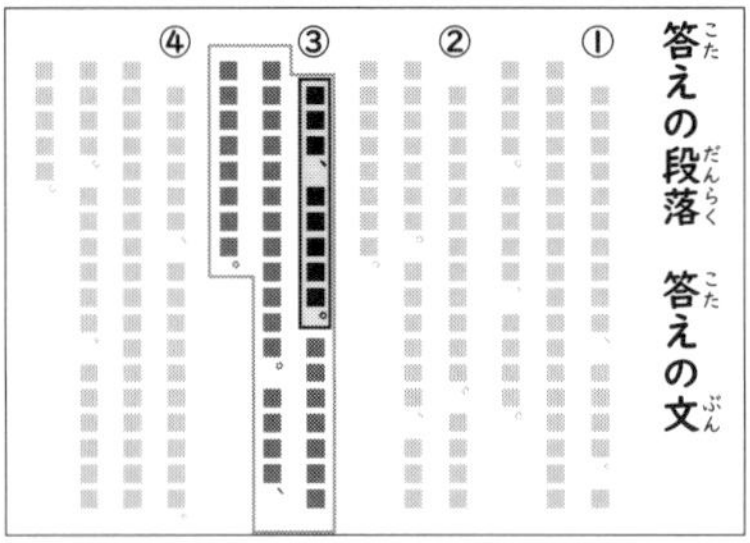

主な発問や指示（予想される子どもの反応）

発問1　（先の質問文（1）を、左のように示して）この問いの文の最後に、ある言葉があれば、とっても良い問いの文になるのです。平仮名一文字です。何だと思いますか。

> （1）みんなは、なんねんせい　でしょう。○

［「か」だと気付いた子を大いに褒める。「か」を当てはめて読ませる。（2）（3）も同様に読ませる］

> **説明2**　この「か」の言葉のことを、「問いの言葉」と言います。言ってごらん。

［「といのことば」「か」と板書する。教科書の問いの文すべてに「か」を書かせ、それぞれ読ませる］

指示6　クイズのような問いの文があるなら、答えもあるはずです。答えを探してごらんなさい。

［すぐに見つけるだろう。「これは、あさがおの　つぼみです。」の文を青鉛筆で囲ませる。他の二つの答えの文も同様に囲ませる］

［問いの文と答えの文を、それぞれ交代読みで読ませる。その際、問いの言葉「か」も入れさせて読ませる］

留意点など

「か」は大きめに板書する。黒板の上から下まで使って、次のように書いても良い。

といのことば　**か**

第4時

使用する学習用語	主な発問や指示（予想される子どもの反応）	留意点など
	指示1 （「ねじれた」と板書して）ハンカチを出してごらんなさい。先生に「ねじれたハンカチ」を見せてごらんなさい。 **指示2** ほどけたハンカチを見せてごらんなさい。 **指示3** 先だけねじれたハンカチを見せてごらんなさい。 **指示4** みんなの体で、どこかをねじってごらんなさい。 **指示5** （「ほうこう」と板書して）みんなは今、同じ方向を見ています。そのまま立ってごらんなさい。同じ方向を向いていますね。何が見えますか。（黒板、先生、など） **指示6** みんなバラバラな方向を見てごらんなさい。何が見えますか。口々に言ってごらんなさい。（窓、壁、友達、廊下、など） **発問1** （左のように板書して）「方向」と同じ意味の言葉があります。二文字です。わかったら立ってごらんなさい。 ［ほうこう　□□］ ［立てない子がいたら、最初の文字「む」だけ教える。それでも立てない子がいたら、薄く「き」と書いてあげる］	リズムとテンポよく進める。教師もハンカチを用意して、例示すると良い。 おもしろい動きの子をみんなに見せると良い。笑いが出るだろう。

使用する学習用語

比喩(ひゆ)

① 矢のように 鳥たちが飛んでいく

② 炎の心を持ち続けろ。

主な発問や指示（予想される子どもの反応）

指示7 先生が言ったとおりに言ってごらんなさい。

> 同じ方向。(同じ方向)。同じ向き。(同じ向き)。バラバラな方向。(バラバラな方向)。バラバラな向き。(バラバラな向き)。様々な方向。(様々な方向)。様々な向き。(様々な向き)。

指示8 教科書59ページを開けてごらんなさい。「ふうせんのようなかたち」と書いてあります。どこですか。指を置いてごらんなさい。

指示9 下の写真のつぼみが、風船のような形に見えますか。見える人？ 見えない人？

> **指示10** みんななら、何のような形をしたつぼみと言いたいですか。近くの人と言い合ってごらんなさい。

［何人か指名して言わせる。教師はそのつど「〜のようなつぼみ」と板書する。考えたことを褒め、おもしろい意見は率先して笑う］

説明1 このように、「〜のような」という言い方を「比喩」と言います。言ってごらんなさい。比喩については、また他のページでお勉強していきましょう。

留意点など

教科書58ページを開かせ、「さまざま」の隣に「ばらばら」、「ほうこう」の隣に「むき」と書かせても良い。ただし、平仮名の習得の進度に合わせ、無理はさせない。

第2時で、すでに文と写真を線で結んであるので、それらが対応していることはすぐにわかるだろう。

「比喩」という言葉を無理に覚えさせる必要はない。次回比喩を勉強する際に、少し記憶に残っている程度で良い。

説明文

『ロボット』

筆者　佐藤知正

●2年生下巻／88ページ
●授業時期／1月下旬
●授業時数／4時間

〔教材の特徴〕

二年生には親しみやすく、内容もわかりやすい説明文です。ただし、「考えられている」ロボットであり、一般化・商品化されていないという点は、わかりづらいでしょう。

また、説明文の生命線である「問いの文」と「答えの文」の整合性があまり良くありません。これはリライトをさせて、「問いと答えがぴったり」にする学習が必要になります。

なお、本授業プランでは、簡単な文章構造図も取り入れました。中学年以降の学習で役立つはずです。

〔授業で使用する学習用語〕

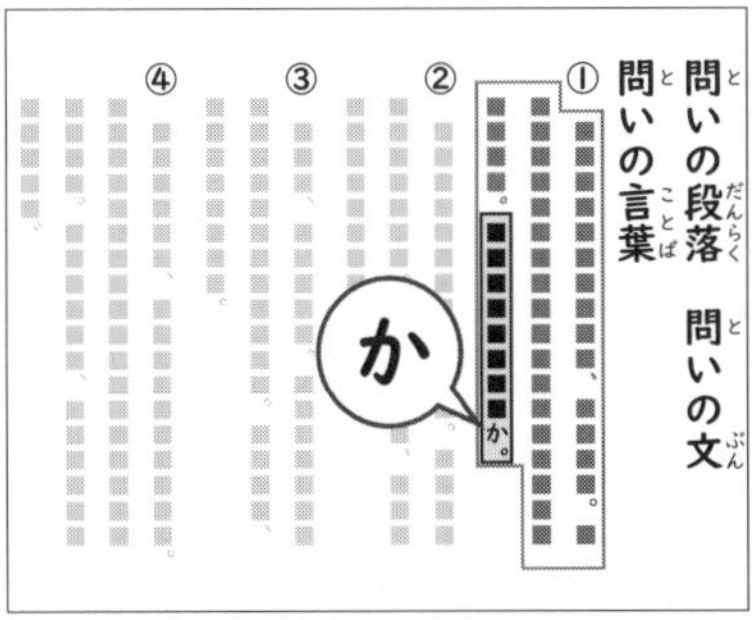

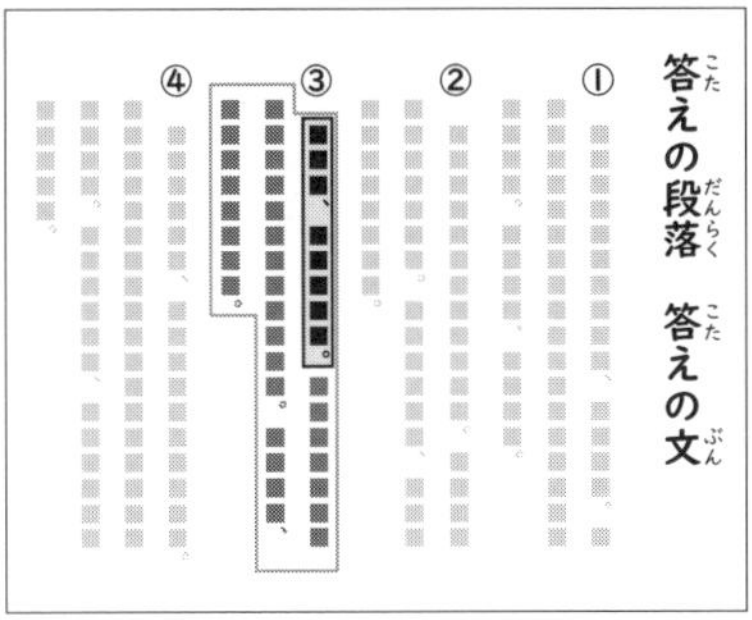

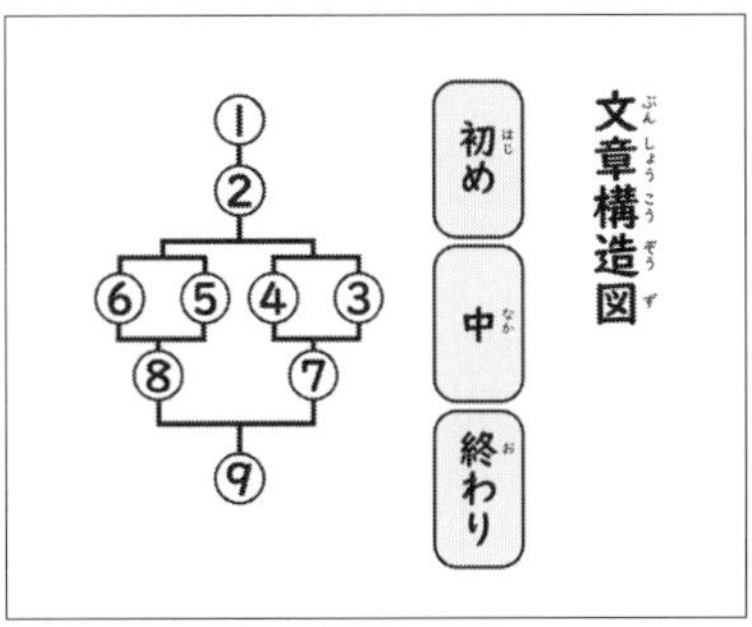

第1時

使用する学習用語

主な発問や指示（予想される子どもの反応）

指示1　これからお勉強する文章は『ロボット』です。題名から想像すると、この文章は物語文でしょうか、説明文でしょうか。どちらかに手を挙げてごらんなさい。（挙手する）

指示2　説明文です。みんなは、どんなロボットを知っていますか。一つでも知っていたら、立ってごらんなさい。

［立った子に発言させていく。すべての意見を認める］

指示3　では、この説明文にはどんなことが書かれていると思いますか。予想して、近くの人と相談してごらんなさい。

［何人かに指名して言わせる］

指示4　88ページを開けてごらんなさい。

［本文を範読する。その際、学級の実態に合わせ、わかりにくそうな言葉があれば、簡単な言葉も補って言う］

［教科書に段落番号を書かせる］

［本文を音読させる。次のように行う］

（1）男子を立たせ、一段落を追い読みさせる。次に女子を立たせ、二段落を追い読みさせる。このように男子と女子とに分けて五段落まで繰り返す。

（2）男女を逆にし、女子から一段落を追い読みさせる。

指示5　この文章を読んで、どんな感想を持ちましたか。近くの人と言い合ってごらんなさい。

［指名して何人か発言させる］

留意点など

物語文と説明文がどういうものか覚えていなければ、今までにならったそれぞれの文章の題名を例示する。あるいは、次のように簡単な定義を説明する。

物語文は、作者が考えて作ったお話の文章。

説明文は、筆者が調べたことや伝えたいことを説明している文章。

たとえば、88ページの5行目なら次のようにサイドラインの文言を付け足して読む。

「そして、わたしたちのみの周りで、わたしたちの近くでつかわれはじめています。」

使用する学習用語

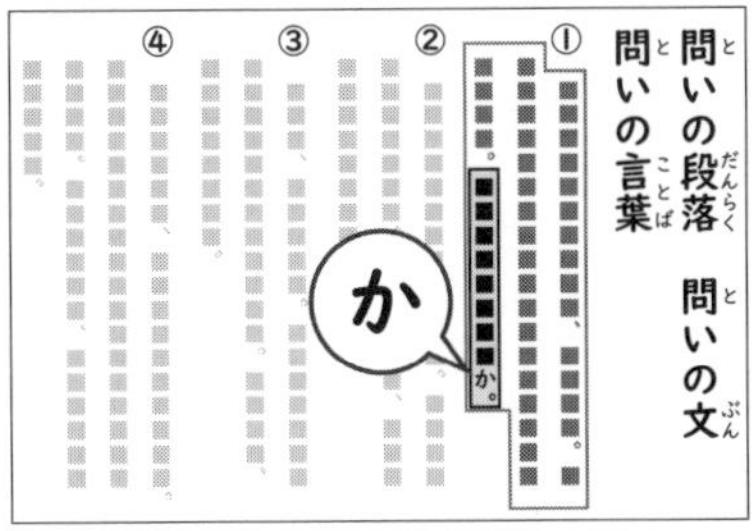

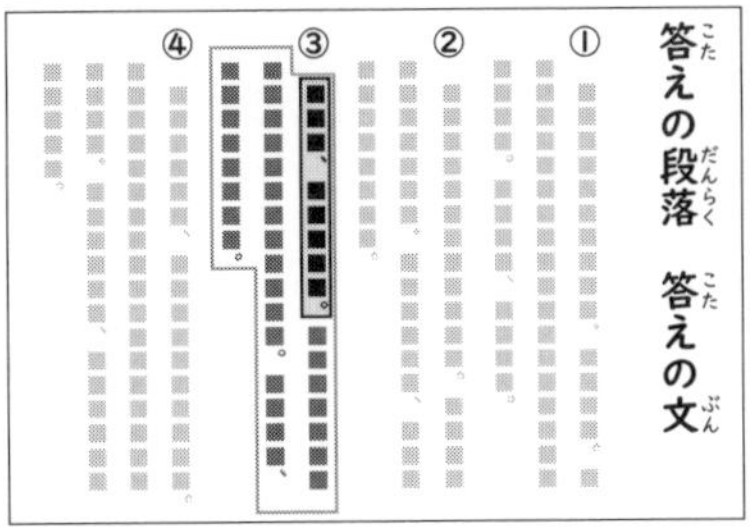

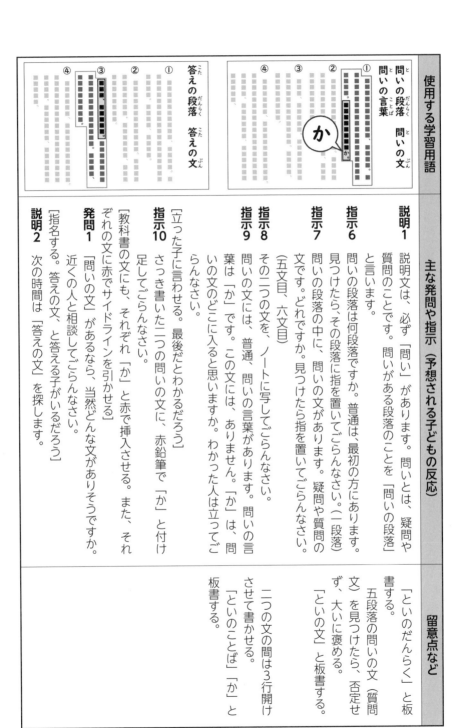

主な発問や指示（予想される子どもの反応）

説明1　説明文は、必ず「問い」があります。問いとは、疑問や質問のことです。問いがある段落のことを「問いの段落」と言います。

指示6　問いの段落は何段落ですか。普通は、最初の方にあります。見つけたら、その段落に指を置いてごらんなさい。（一段落）

指示7　問いの段落の中に、問いの文があります。疑問や質問の文です。どれですか。見つけたら指を置いてごらんなさい。
（五文目、六文目）

指示8　その二つの文を、ノートに写してごらんなさい。

指示9　問いの文には、普通、問いの言葉があります。問いの言葉は「か」です。この文には、ありません。「か」は、問いの文のどこに入ると思いますか。わかった人は立ってごらんなさい。

［立った子に言わせる。最後だとわかるだろう］

指示10　さっき書いた二つの問いの文に、赤鉛筆で「か」と付け足してごらんなさい。

［教科書の文にも、それぞれ「か」と赤で挿入させる。また、それぞれの文に赤でサイドラインを引かせる］

発問1　「問いの文」があるなら、当然どんな文がありそうですか。
近くの人と相談してごらんなさい。

［指名する。答えの文、と答える子がいるだろう］

説明2　次の時間は「答えの文」を探します。

留意点など

「といのだんらく」と板書する。

五段落の問いの文（質問文）を見つけたら、否定せず、大いに褒める。

「といの文」と板書する。

二つの文の間は3行開けさせて書かせる。

「といのことば」「か」と板書する。

第2時

使用する学習用語

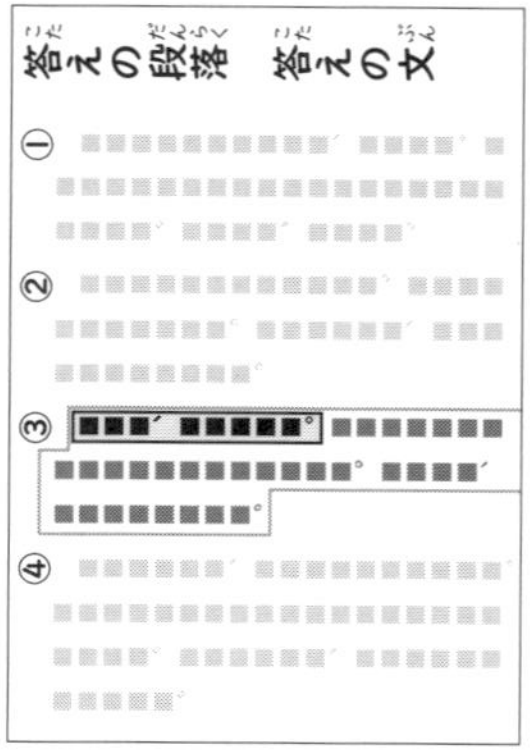

主な発問や指示（予想される子どもの反応）

[全文を音読させる。次のように行う]

（1）机を班の形にさせ、四人ほどで一文交代読みをさせる。

（2）机を戻させ、隣同士で一文交代読みをさせる。

指示1 問いの文はどれでしたか。一つ目を全員で読みます。さん、はい。

[読ませる。問いの言葉「か」を入れた子を褒める。二文目も同様に読ませる]

指示2 問いの文に対する答えの文は、ぴったりと合わなくてはいけません。次の文のようになるはずです。ノートに写してごらんなさい。

□	ロボットがあります。
□	ときにたすけてくれます。

指示3 答えの段落を探します。答えの段落は何段落ですか。見つけたら指を置いてごらんなさい。

[二段落、三段落、四段落のどれか一つでも指を置いていた子を褒める]

指示4 まず、二段落から探します。二段落を一度音読してごらんなさい。全員起立。

指示5 一つ目の問いの文について、答えの文は何文目ですか。その文に指を置いてごらんなさい。（一文目）

留意点など

ワークシートにしても良い。

わからない子には、「ロボットについて書かれた段落です」と説明する。

使用する学習用語

問いの段落　問いの文
問いの言葉

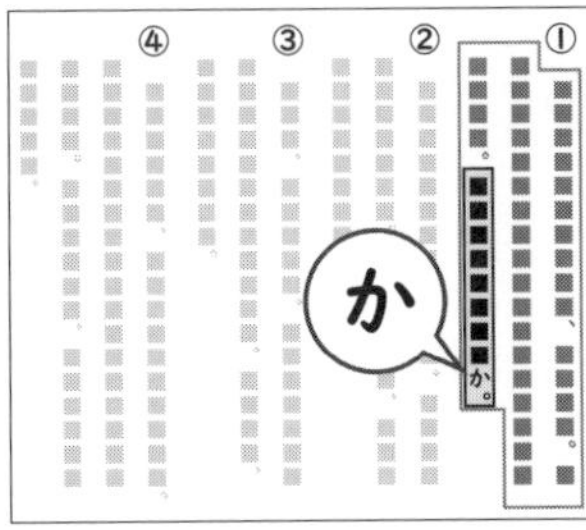

主な発問や指示（予想される子どもの反応）

指示6　二つ目の問いの文の、答えの文は何文目ですか。指を置いてごらんなさい。（四文目）

［それぞれの文を青鉛筆でサイドラインを引かせる］

指示7　（先に書いた）一つ目の四角の中には、どんな言葉が入りますか。文章の中の言葉を使って、「〜ロボットがあります」と書いてごらんなさい。（にもつを家にとどけてくれるロボットがあります。）

指示8　二つ目の四角の中を考えます。文章の言葉を使って、「〜ときにたすけてくれます」と書いてごらんなさい。（とどける人が足りないときにたすけてくれます。）

［問いの文と、書いた答えの文を、交互に読ませる。問いと答えが対応していることがわかるだろう］

説明1　問いと答えがぴったりですね。

［三、四段落でも同様に、音読をさせ、答えの文を見つけさせ、サイドラインを引かせ、書かせ、読ませる。そして「問いと答えがぴったりになりましたね」と確認する］

三段落：水ぞくかんのようなしせつで、あんないをしてくれるロボットがあります。知りたいことがあるときにたすけてくれます。

四段落：空をとんで、あぶないばしょのようすを見に行ってくれるロボットがあります。あぶないばしょに近づけないときにたすけてくれます。

留意点など

本文中の「とき」という言葉に着目させると見つけやすい。

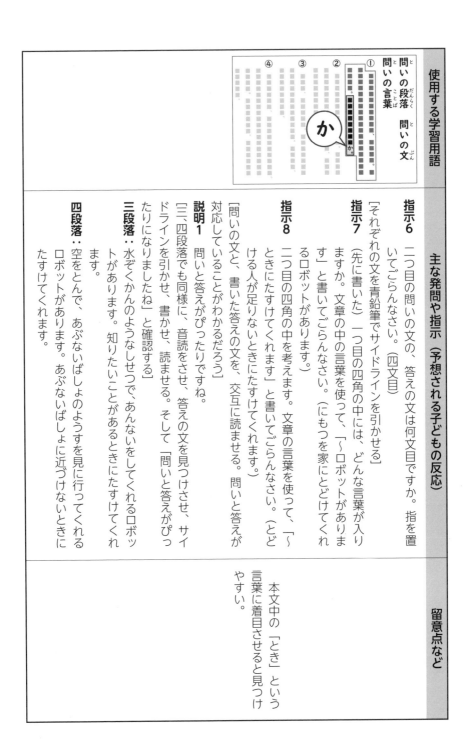

第3時

使用する学習用語

主な発問や指示（予想される子どもの反応）

［前時と同様に音読させ、一人読みも取り入れる］

指示1 問いの文と、それぞれの答えの文を、交互に読んでごらんなさい。

指示2 この説明文をまだ読んだことがない人に、次の答えの文を見せるとします。

> とどける人が足りないときにたすけてくれます。
> 知りたいことがあるときにたすけてくれます。
> あぶないばしょに近づけないときにたすけてくれます。

わかりやすいですか。それとも、わかりにくいですか。近くの人と相談してごらんなさい。

［意見を言わせる。「わかりにくい」「どう助けてくれるかわからない」と言うだろう］

説明1 ロボットが、どう助けてくれるかわからないですね。

指示3 答えの文をわかりやすくします。次の四角の中を埋めて、一つ目のロボットがどう助けてくれるか、わかるようにしてごらんなさい。

> とどける人が足りないときに［　　　］たすけてくれます。

留意点など

わからなそうなら、教師が例示する。一つ目の問いの文を読み、「にもつをとどけてくれる――」と読み、二つ目の問いの文を読み、「とどけてくれる人がたりないときに――」と読む。これを、四段落の答えの文まで行う。

八文字だ、と伝えても良い。

使用する学習用語

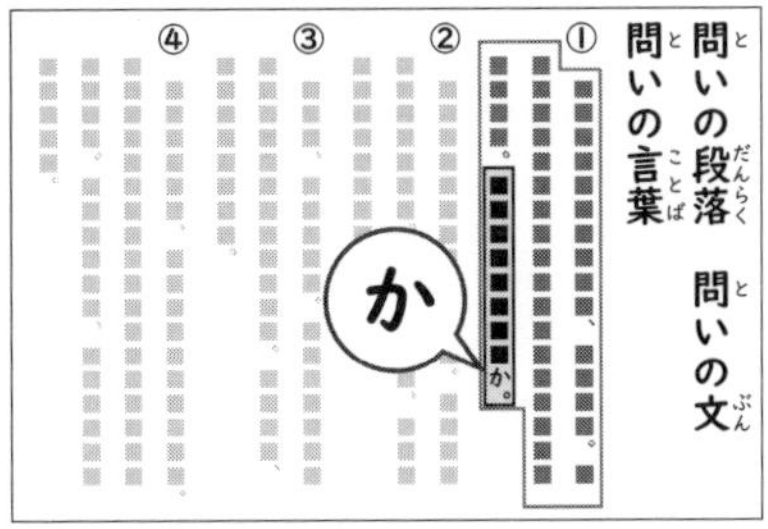

主な発問や指示（予想される子どもの反応）

［「にもつをはこんで」が入る。問いの文と、書いた答えの文を読ませる。さらに説明がわかりやすくなったことがわかるだろう］

［同様に行う。次のような答えの文が出来上がるだろう］

> 知りたいことがあるときに教えてたすけてくれます。
> あぶないばしょに近づけないときにしゃしんやどうがをとってたすけてくれます。

> **指示4**　つまり、三つとも、ロボットがどんなときにたすけてくれるということですか。そのことがわかる一文を本文から見つけて、書き抜いてごらんなさい。

［次の文である。一字一句間違わず書き抜けているか、板書しながら確認する］

> どれも、わたしたちがこまっているときに、たすけてくれるロボットです。

指示5　ロボットというのは、すべて「わたしたちがこまっているときにたすけてくれるもの」だと言えますか。近くの人と相談してごらんなさい。

［何人か指名して意見を言わせ、授業を終える］

留意点など

「書き抜く」ことがわからなければ、本文中の言葉を一つ一つ、そっくりそのまま写すことだと教える。

わからなければ、五段落に着目すると良いと教える。

結論は出さなくて良い。「人が楽をするためのロボットもある」という意見が出たら大いに褒めたい。

第4時

使用する学習用語

文章構造図（ぶんしょうこうぞうず）

初め（はじ）　中（なか）　終わり（お）

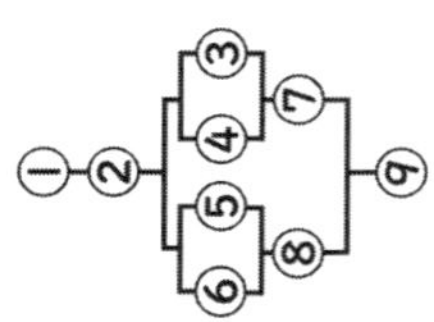

主な発問や指示（予想される子どもの反応）

［前時と同様に音読させる］

説明1　みんながとっても賢いので、三年生のお勉強をちょっとだけやってみます。

指示1　（「といのだんらく」、「こたえのだんらく」、「まとめのだんらく」と板書し、読ませて）一段落から五段落まで、この中のどれに当たると思いますか。近くの人と相談してごらんなさい。

［すぐにわかるだろう。何人かに発表させる。次のように板書する］

といのだんらく	こたえのだんらく	まとめのだんらく
1	2 3 4	5

指示2　黒板と同じように、そっくりそのままノートに写してごらんなさい。

指示3　文章を、こういう形で表した図を、「文章構造図」と言います。言ってごらん。（文章構造図）

指示4　「ぶんしょうこうぞうず」とノートに書いてごらんなさい。

留意点など

2、3、4と横に書くのがポイントである。

文章構造図は、「初め、中、終わり」の文章構成をつかんでから描くが、はしょった。

使用する学習用語

主な発問や指示（予想される子どもの反応）

指示5　まとめの段落、五段落を見てごらんなさい。音読をします。一回読んだら座ります。座っても読んでおきなさい。全員起立。

指示6　次の文にサイドラインを引いてごらんなさい。

> あなたは、どんなロボットがあればよいと思いますか。
> それは、どんなときに、わたしたちをたすけてくれるでしょうか。

> **指示7**　次の四角の中を埋めて、自分の考えを書いてごらんなさい。

> [　　　　]ロボットがあるといいです。
> [　　　　]ときにわたしたちをたすけてくれるでしょう。

[班の中で発表させる。その後、おもしろいロボットを班で一つ選び、全体で発表させる]

指示8　自分が考えたロボットを、簡単な絵にしてごらんなさい。

[描き終わってから、席を立たせ、自由に見に行かせる]

留意点など

可能なら、この指示よりも、問いの文に対してどんな答えの文が適当か、自分たちで考えさせた方がさらに良い。

問いと答えの対応を、ここでも意識させる。

ノートに描かせても良いが、ワークシートなどに描かせ、掲示に使っても良い。

説明文

『未来につなぐ工芸品』

筆者　大牧圭吾

●4年生下巻／48ページ
●授業時期／11月上旬
●授業時数／3時間

【教材の特徴】

この説明文は、社会科や総合の学習とも関連づけられそうな「工芸品」を扱った内容です。しかし、説明文としては構造がすっきりしないところがあります。たとえば、四段落は二つの段落に分けるべきです。

本単元における読む学習の目標は四つです。①段落の要点を捉えること、②全文を要約すること、③文章構成をつかむこと、④要旨を捉えること、です。これらは3時間あれば授業が可能でしょう。さらに時間を取って、語彙を豊かにする学習や、他の説明文を使って要約する学習などをするのも良いでしょう。

【授業で使用する学習用語】

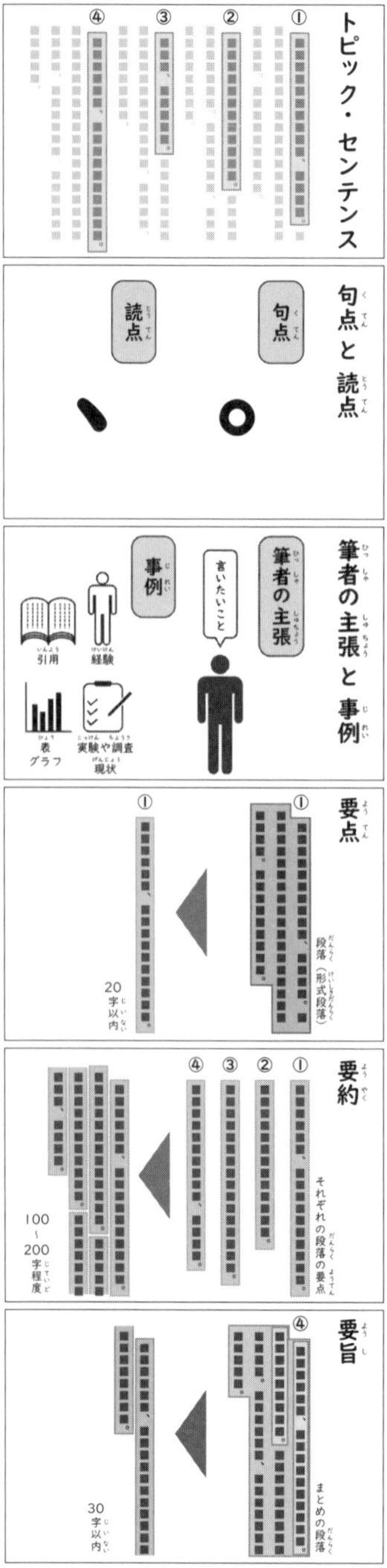

第1時

使用する学習用語

主な発問や指示（予想される子どもの反応）

指示1 47ページを開けてごらんなさい。写真が四つあります。それぞれの名前を読んでごらんなさい。

指示2 こういったものを何と言いますか。わかったら立ってごらんなさい。

〔立った子に言わせる。工芸品である〕

指示3 山形県にも工芸品があります。一つでも知っていたら手を挙げてごらんなさい。

〔言わせる。鋳物、将棋駒、こけし、などが出るだろう〕

指示4 （左下の4行を読ませて）「工芸品は、何を未来につなぐのでしょうか」とあります。予想して、「工芸品は、～を未来につなぐ」と書いてごらんなさい。

〔何人かを指名して読ませる。書けたことを褒める〕

説明1 これから学習をして、筆者はどう考えているのか、読み取っていきましょう。

〔本文を範読し、教科書に段落番号を書かせる〕

〔次に本文を音読させる。次のように行う〕

（1）男子を立たせ、一段落を追い読みさせる。次に女子を立たせ、二段落を追い読みさせる。このように男子と女子とに分けて七段落まで繰り返す。

（2）次に男女を逆にし、女子から一段落を追い読みさせる。

留意点など

立てない子には、教科書に書いてあると教える。漢字三文字だと教えても良い。

住んでいる各都道府県に合わせて問う。

可能なら実物や写真を見せると良い。

段落番号は、一字下げてある場所の、少し上に書かせる。そうすると、段落番号が見やすい。本文は七段落まである。

使用する学習用語	主な発問や指示（予想される子どもの反応）	留意点など
トピック・センテンス 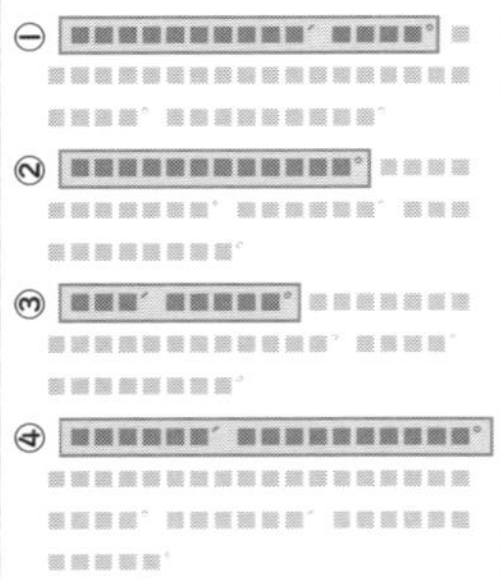	**説明2**　（イメージ図を提示し）この図を見てごらんなさい。それぞれの段落には、トピック・センテンスというものがあります。その段落の中で、筆者が最も主張したい、大事な文です。その段落の内容を表している文と言えます。 **指示5**　トピック・センテンスは、段落の中のどこにあると言えますか。この図を見て、考えてごらんなさい。（一文目） **説明3**　一文目です。でも、たまに一文目にない場合もあります。最後の文だったり、他の文だったりします。 **指示6**　一段落を見てごらんなさい。トピック・センテンスを探します。まず、一段落を音読してごらんなさい。全員起立。	この説明文は、トピック・センテンスが一文目にある段落が少ない。
句点（くてん）と読点（とうてん） 	**指示7**　一段落が何文あるか、数えてごらんなさい。 **指示8**　（数えている子に向かって）何の数を数えれば文の数がわかりますか。（句点） **指示9**　（三文だと確認してから）一段落のトピック・センテンスは、一文目か三文目かのどちらかです。どちらだと思いますか。トピック・センテンスだと思う方に指を置いてごらんなさい。 [どちらに指を置いたか挙手で確認する。正解は三文目である。三文目に赤鉛筆でサイドラインを引かせる]	このように、トピック・センテンスを初めて教える場合は、選択式にすると子どもが思考しやすい。また、それぞれの文が見やすいように、短冊などで一文ずつ分けて黒板に掲示したい。

使用する学習用語	主な発問や指示（予想される子どもの反応）	留意点など
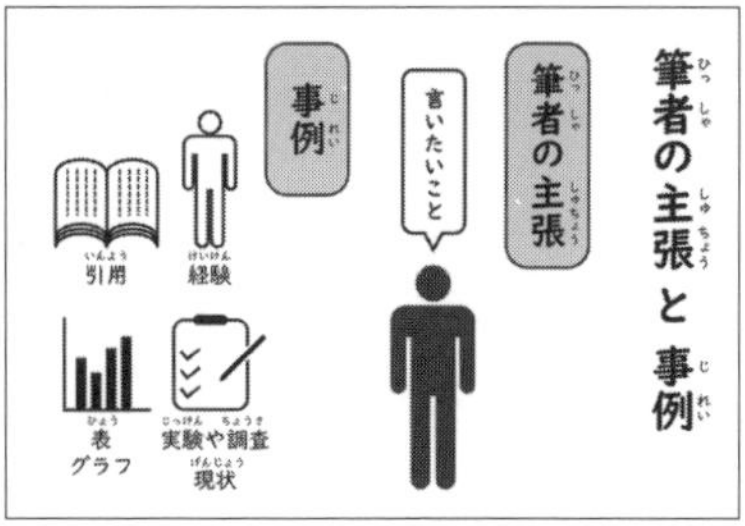	**指示10** 二段落を見てごらんなさい。一回読んだら座ります。座っても読んでおきなさい。全員起立。 **指示11** 何文あるか、数えてごらんなさい。（四文） **指示12** トピック・センテンスは一文目にあると良いのですが、この段落もそうなっていません。では、何文目だと思いますか。近くの人と相談してごらんなさい。 ［三文目だと言っている子を指名し、その理由も発表させる。「わたしは、――考えています」という書き方に着目しているだろう。大いに褒める］ **説明4** トピック・センテンスは、段落の中で筆者が最も主張したい文です。「わたしは」という主語や、「考えています」という述語に、筆者の強い主張を感じますね。 ［上のイメージ図を見せて、説明文には筆者の主張と事例が書かれていることを説明する。大事なのは筆者の主張の方だと教える］ **指示13** 三文目に赤でサイドラインを引いてごらんなさい。 ［このようにトピック・センテンスを次の手順で探させる］ （1）その段落を音読させる。 （2）その段落には何文あるか数えさせる。 （3）トピック・センテンスを探すのが難しそうな場合は、選択肢を絞って検討させる。 （4）トピック・センテンスを全体で確認し、赤鉛筆でサイドラインを引かせる。	二文目は筆者の主張ではなく「経験」や「現状」などの事例だと確認しても良い。 全部の段落を扱うと時間がかかるので、検討させたい段落を厳選し、他の段落は教師からトピック・センテンスが何文目かを伝えても良い。

第2時

使用する学習用語

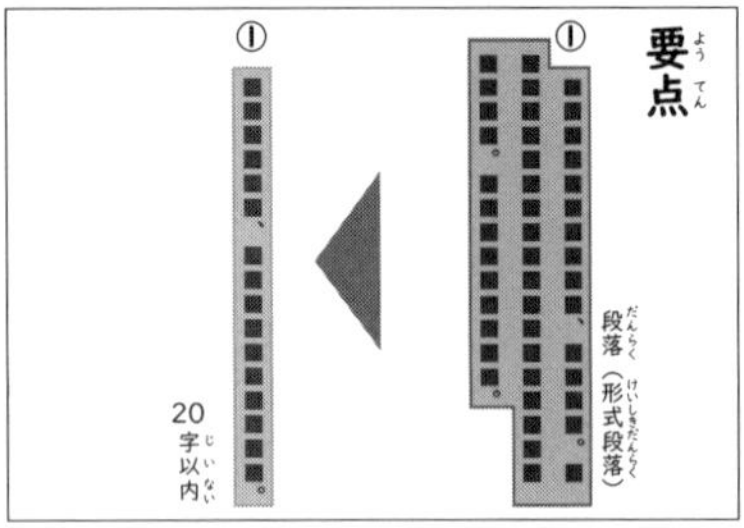

主な発問や指示（予想される子どもの反応）

［全文を音読させる。次のように行う］

（1）机を班の形にさせ、四人ほどで一文交代読みをさせる。

（2）机を戻させ、隣同士で一文交代読みをさせる。

指示1 今度は一人で読みます。タイマーで時間を計ります。最後まで読み終わったら、タイマーを見て、時間を教科書にメモしておきなさい。全員起立。用意、始め。

指示2 次にトピック・センテンスだけ読みます。同じように、時間を計ります。読み終わったら時間をメモしておきなさい。全員起立。用意、始め。

指示3 どのくらい速くなったか計算してごらんなさい。

［何人か指名して聞く。かなり速くなっているだろう］

説明1 トピック・センテンスだけを読んでも、大体の内容がわかりますね。読む時間もうんと節約できます。

指示4 次に、段落の内容を二十字以内にまとめます。まとめた文を要点と言います。言ってごらんなさい。（要点）

説明2 要点は、つまりトピック・センテンスを二十字以内にすれば良いのです。文の最後は体言止めにします。

留意点など

（2）まで終わったら、全員が読み終わるまで、一人で読ませておく。空白禁止の原則である。

トピック・センテンスは、次のとおりだ。

一段落…三文目
二段落…三文目
三段落…一文目
四段落…一文目
五段落…二文目
六段落…三文目
七段落…三文目

使用する学習用語

体言止め

① 飛び続ける鳥たち

② 仁王立ちする鬼。

主な発問や指示（予想される子どもの反応）

指示5 一段落のトピック・センテンスを二十字以内にして、ノートに書いてごらんなさい。文末は体言止めです。

［書けたらノートを持って来させ、黒板に書かせる。十点満点でそれぞれの文に点数をつける。基準は、次の言葉が入っていたら三点ずつ加点する。「全国」「気候や資源」「工芸品」。また、最も重要な言葉である「工芸品」を体言止めにしていたら、さらに一点加点する。ただし、日本語として文がおかしければ大幅に減点する］

指示6 まだ黒板に書いていない人で、要点を書けたら持っていらっしゃい。

［黒板に書かせる。次のような正解が出るだろう］

一段落 全国の気候や資源を生かした工芸品。 17字

［二段落以降も行う。ただし、全部の段落を同様の方法でやると時間がかかるので、次のように穴埋めにしても良い］

二段落 □□の日本に□□たい □□□。 14字

［三段落以降は次のとおり］

三段落 日本の文化や芸術を未来につなぐ 工芸品。 19字
四段落 環境を未来につなぐ 工芸品。 13字
五段落 多くの人に知ってもらいたい工芸品の良さ。 20字
六段落 職人の気持ちで伝えたい 工芸品の良さ。 18字
七段落 手に取り 伝えてほしい工芸品の魅力。 18字

留意点など

要点を書く際は、教科書の記述がたとえ平仮名でも、漢字に直して良い。

また、四段落のようにトピック・センテンスに主語がない場合は補わなくてはならない。

さらに、七段落のように、トピック・センテンスに「そして」という接続詞がある場合は、直前の文が大きく関係しているので、その文の語句も生かすことが必要になる。

未来、残し、工芸品、が入る。

サイドラインの言葉がそれぞれ三点である。子どもにサイドラインを書かせるわけではない。最も重要な語句を体言止めにして一点、合計十点である。

第3時

使用する学習用語

主な発問や指示（予想される子どもの反応）

[全文を音読させる。次のように行う]

（1）隣同士で一文交代読みを二回させる。

（2）一人で新幹線読み（高速読み）をさせる。

説明1 文章構成を考えます。説明文の文章構成は、基本は「初め、中、終わり」です。この説明文もそうなっています。

指示1 要点だけを見て、「初め、中、終わり」に分けてごらんなさい。

一段落	全国の気候や資源を生かした工芸品。
二段落	未来の日本に残したい工芸品。
三段落	日本の文化や芸術を未来につなぐ工芸品。
四段落	環境を未来につなぐ工芸品。
五段落	多くの人に知ってもらいたい工芸品の良さ。
六段落	職人の気持ちで伝えたい工芸品の良さ。
七段落	手に取り伝えてほしい工芸品の魅力。

[意見を発表させる。意見が分かれたら、A案、B案、……のようにして、自分がどの案に賛成か挙手させる。少数派の案から意見を言わせる]

[六段落の扱いについて意見が分かれたら、①筆者の主張か例示か確認し、②何段落に関係した例示か検討させる]

留意点など

まずは要点だけで検討させる。多くの子は次のように考えるだろう。

初め	一
中	二、三、四、五
終わり	六、七

意見が分かれそうなのは、六段落である。ここを「中」と見るか「終わり」と見るかは、要点だけではわかりにくい。本文を読ませて判断させる必要がある。

六段落は、七段落の筆者の主張に関係した例示である。

使用する学習用語	主な発問や指示（予想される子どもの反応）	留意点など
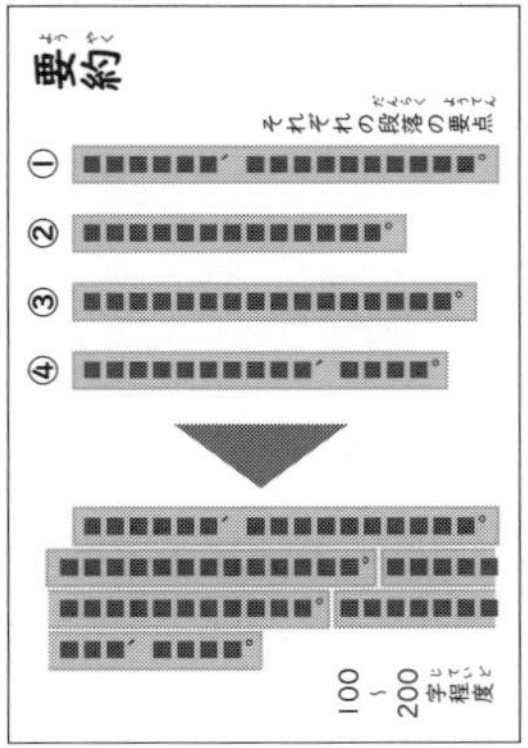	**説明2**　要約を書きます。要約とは、それぞれの段落の要点を順番通りにまとめた文章のことです。元の文章の内容を大きく変えず、長さを短くするということです。百字から二百字で書きます。	
	指示2　要点を見ながら、要約を書いてごらんなさい。	原稿用紙に書かせる。 要約が書けない場合は、教師が書いた要約を見せて参考にさせると良い。どうしても書けない子は、教師の要約をそのまま写させても良い。一番悪いのは、何もしないことである。 上の要約は一三九字である。
	〈例〉　全国に気候や資源を生かした工芸品がある。未来の日本に工芸品を残したい。なぜなら、工芸品は、日本の文化や芸術や環境を未来につなぐからだ。だから、多くの人に工芸品の良さを知ってもらいたい。職人の気持ちで工芸品の良さを伝えていきたい。あなたも工芸品を手にとってその魅力を伝えてほしい。	
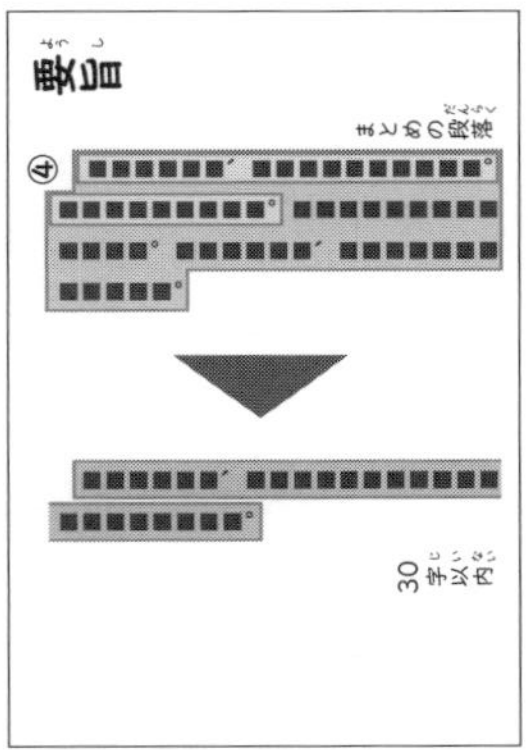	**指示3**　題名の『未来につなぐ工芸品』は、つまり何を未来につなぐのですか。要約をもとに「工芸品は～を未来につなぐ」と書いてごらんなさい。（工芸品は日本の文化や芸術や環境を未来につなぐ、など） ［第1時で予想した内容と比較させる］ **説明3**　今書いた文が、この説明文の要旨と言っても良いでしょう。要旨とは、筆者の主張を一文にまとめたものです。	要旨を書く手順を教えても良いが、上記のように、第1時の学習を関連づけても良い。

説明文『「考える」とは』

筆者 鴻上尚史
石黒浩
中満泉

●6年生下巻／205ページ
●授業時期／1月下旬
●授業時数／3時間

【教材の特徴】

「考える」とは何かという同じテーマで、異なる三者が書いた説明文です。三つとも筆者の主張が明確で、主張がそれぞれの題名になっているのが特徴です。また、すべて尾括型で書かれているのが共通点で、事例などの書きぶりが異なっているのが相違点と言えます。

授業では、説明の型を捉えさせ、要旨をつかませることが最も大切です。その上で、筆者の主張に対してどう考えたか、意見文を書かせると良いでしょう。

【授業で使用する学習用語】

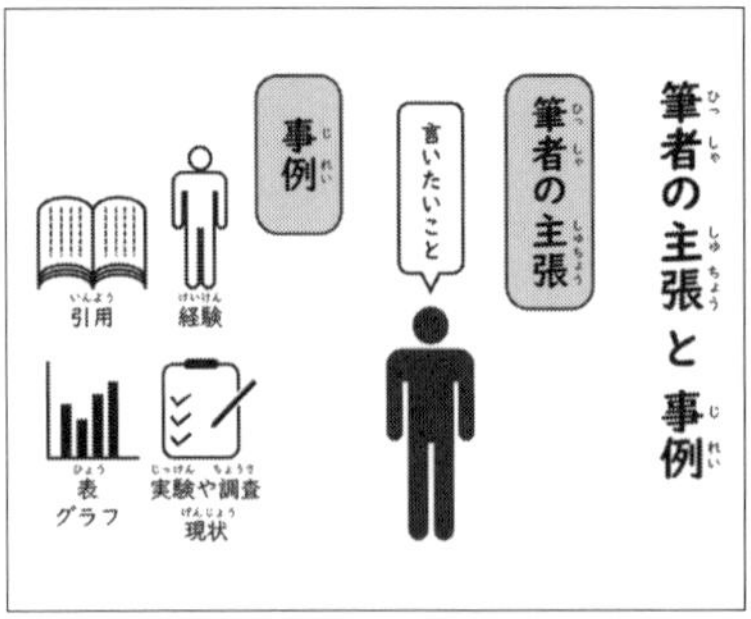

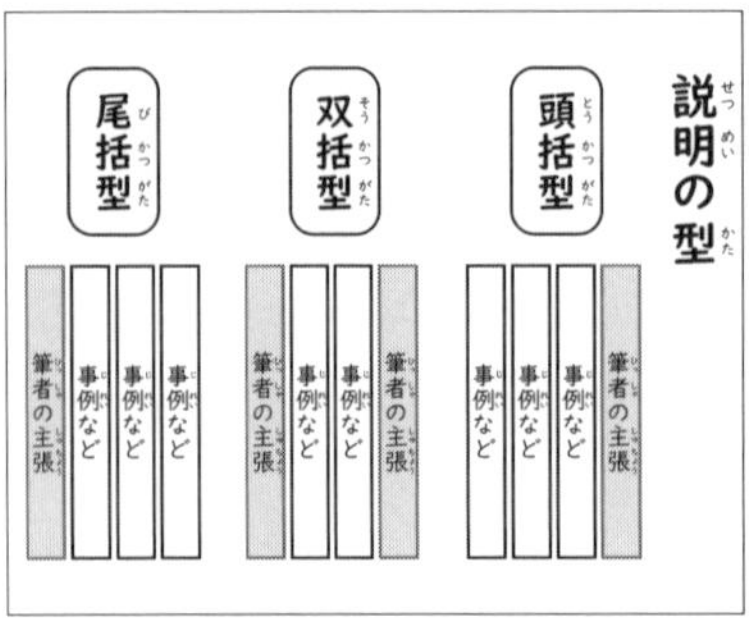

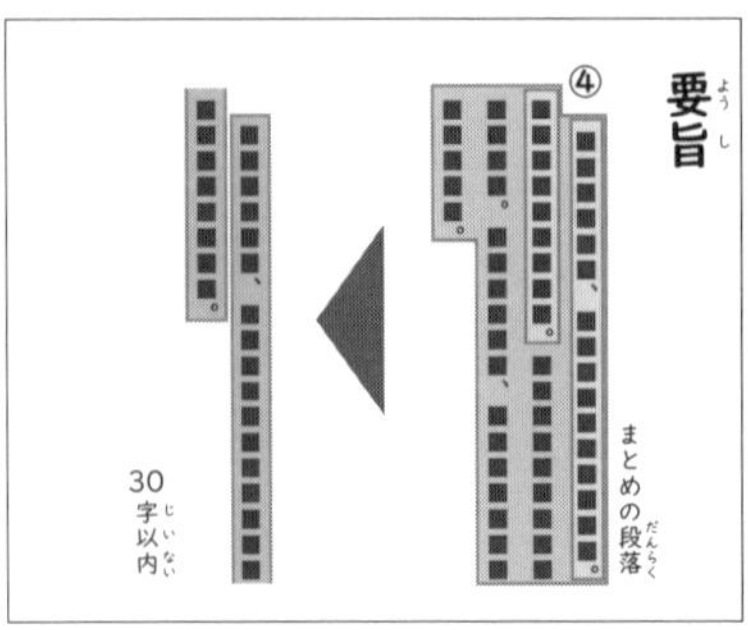

第1時

使用する学習用語

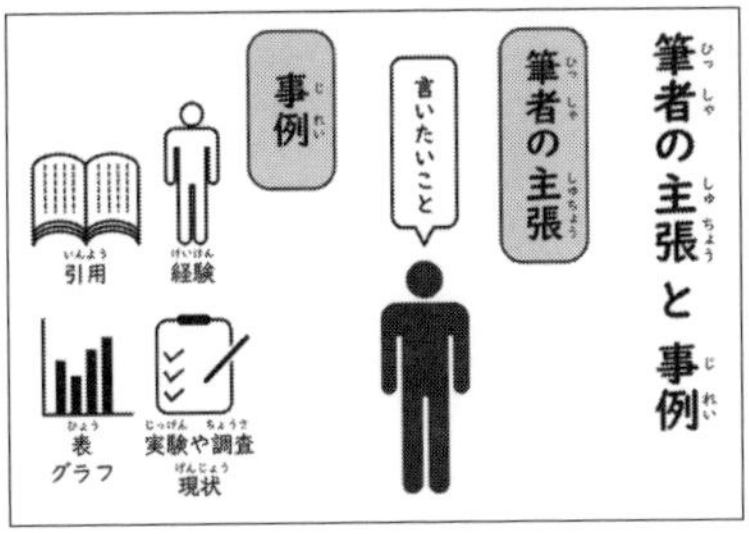

主な発問や指示（予想される子どもの反応）

［三つの説明文を次のように音読させる］
（1）範読
（2）席の隣同士で句読点で区切った交代読み（一回終了したら、読む順番を変えてもう一回）
（3）三つの説明文のうち一つを選んで一人読み

指示1 205ページを開けてごらんなさい。筆者が載っています。それぞれどんな職業ですか、立って読んでごらんなさい。

指示2 職業名でわからないものを辞書で調べてごらんなさい。

発問1 みんなはこれまで、いくつも説明文を読んできました。説明文の勉強で、一番大事なのは何ですか。ノートに書いてごらんなさい。

［全員立たせ、一人ずつ意見を言ったら座らせていく。途中、出た意見とまったく同じ意見なら座らせる］

説明1 説明文で一番大事なのは、筆者の主張を知ることです。筆者の主張がわからなければ、「説明文を読めた」とは言えません。世の中にある文章の大半は説明文です。説明文が読めなければ、世の中の大半の文章が読めないことになります。筆者の主張を探していきます。

指示3 説明文には「説明の型」があります。どんな型がありましたか。思い出して、ノートに書いてごらんなさい。（頭括型、双括型、尾括型）

留意点など

何を調べたか、意味とともに確認する。

わからなければ、イメージ図を見せる。

使用する学習用語

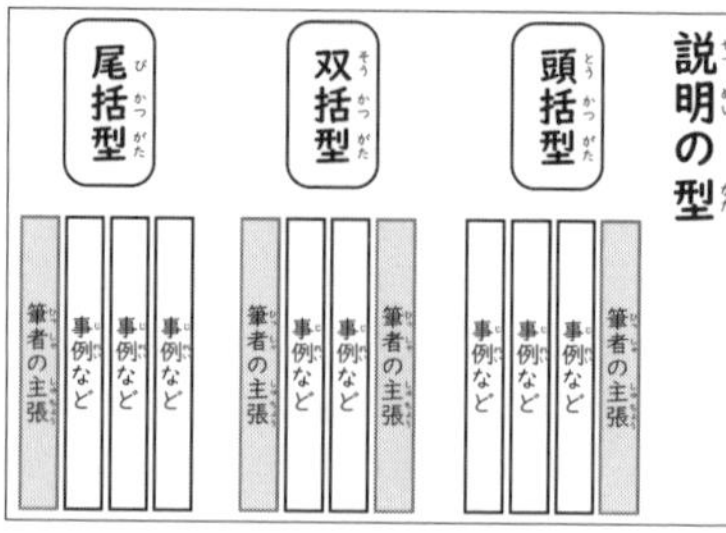

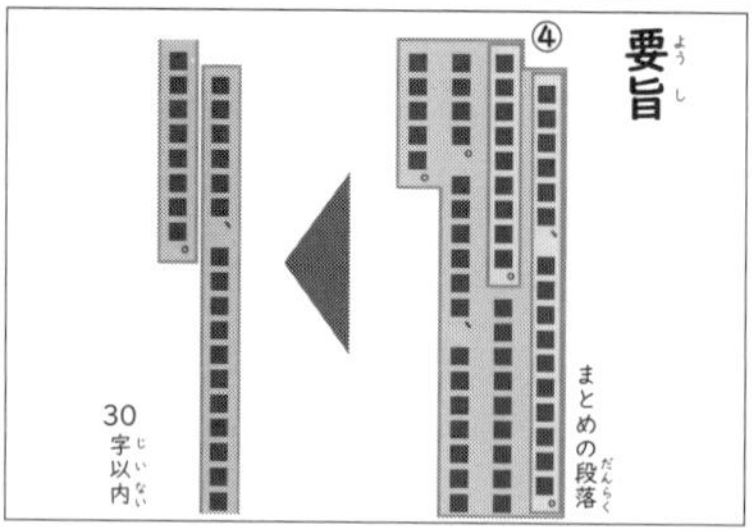

主な発問や指示（予想される子どもの反応）

発問2 最初の説明文の、説明の型は何ですか。頭括型か双括型か尾括型のどれなのか、ノートに書いてごらんなさい。（尾括型）

指示4 この説明文の要旨を25字以内で書いてごらんなさい。

[要旨の書き方がわからなければ、次のようにさせる。

①まとめの段落（筆者の主張の段落）である七段落から筆者の主張の一文を見つけさせる。

②その一文を25字以内でまとめさせる。（文末は体言止めにさせる）]

[書いたら持って来させ、黒板に書かせる。十点満点で評価する。評価の基準は、サイドラインの言葉一つで三点、最も重要な言葉を体言止めにしていればプラス一点]

[このように、説明の型を把握させ、要旨を書かせ、評価し、さらに修正したものを書かせる、という順序で行う。三つの説明文の要旨は次のとおり。すべて25字]

『考えることとなやむこと』
問題解決のために必要な考えることと悩むことの区別。

『考えることを考え続ける』
考え続けなければいけない考えるとは何かという問題。

『考える人の行動が世界を変える』
よりよい世界を築くために重要な考えて行動すること。

留意点など

要旨は30字が基本だが、この説明文に合わせて25字とした。

要旨を書くことに慣れているのであれば、教師が評価するのではなく、子どもから正誤や加除修正などの意見を出させる方が良い。また、その場合、Googleスプレッドシートに書かせ、一人一人が書いた要旨を全員に把握させる方法もある。

第2時

<table>
<tr><th>使用する学習用語</th><th>主な発問や指示（予想される子どもの反応）</th><th>留意点など</th></tr>
<tr><td></td><td>［三つの説明文を次のように音読させる］
（１）席の隣同士で句点で区切った交代読み（一回終了したら、読む順番を変えてもう一回）
（２）三つの説明文のうち気に入った一つを選んで一人読み
指示１　三つの説明文の共通点と相違点は何ですか。それぞれノートにまとめてごらんなさい。
［書いたら、自由に席を立たせ、友達の意見を聞きに行かせる。納得する解があれば、自分のノートに付け足させる］
共通点
1．尾括型
2．要旨が題名になっている。
3．事例に経験が入っている。
相違点
一つめの説明文
1．読者に提案（箇条書きをすること）がある。
2．問いかけの文がある。
二つめの説明文
1．子どものころからのテーマを事例にしている。
三つめの説明文
1．有名な語句（「人は考える葦である」）を使っている。
2．ある考えに反論している。</td><td>付け足しができるよう、ノートに余裕を持たせておく。</td></tr>
</table>

第3時

使用する学習用語

主な発問や指示（予想される子どもの反応）

[三つの説明文を次のように音読させる]

（1）席の隣同士で段落で区切った交代読み（一回終了したら、読む順番を変えてもう一回）

（2）三つの説明文のうち最も読みにくいもの一つを選んで一人読み

指示1 説明文に対して、自分の考えを述べます。どの説明文に対して書きたいか、三つの中から一つ選んでごらんなさい。選んだら立ちます。

指示2 次の形でノートに書いてごらんなさい。

> 筆者の主張は、「(要旨)」である。
> 私はこの主張は□と考える。
> 理由は□つある。
> 一つめは、□からである。……。
> 二つめは、□からである。……。
> 以上の□つの理由により、
> 筆者の主張は□と考える。

[書いたものを、班で回して読ませる。班の中で最も良いものを選ばせて、書いた子に読ませて授業を終える]

留意点など

型（アウトライン）を示すと、どの子も書きやすい。

一つめの四角には、「正しい」「納得できる」「おもしろい」「不思議だ」「正しくない」「おかしい」などが入ると例示しても良い。

物語文

『みきのたからもの』

▼作者　蜂飼耳

●2年生下巻／58ページ
●授業時期／11月下旬
●授業時数／4時間

【教材の特徴】

「みき」と「ナニヌネノン」の二人が出てくる物語文です。宇宙飛行士を目指すようになったみきが中心人物と言えるでしょう。

授業では、「あらすじ」を書くことが大きな目標です。そのために、場面ごとを短くまとめさせます。こうすることで、場面の様子に着目することもできます。

なお、場面分けは、段落をもとにせず、内容（事件）をもとに行っています。

【授業で使用する学習用語】

登場人物（とうじょうじんぶつ）

第2時

※第1時はすべて音読に充てる。範読後、変化のある繰り返しで二回音読させる。

使用する学習用語

登場人物（とうじょうじんぶつ）

主な発問や指示（予想される子どもの反応）

[次のように全文を音読させる]

（1）四人ほどの班で一文ごとに交代読み（一回終了したら、読む順番を変えてもう一回）

（2）お隣の席の人と、場面ごとに交代読み（一回終了したら、読む順番を変えてもう一回）

指示1 登場人物は誰ですか。ノートに書いてごらんなさい。（みき、ナニヌネノン）

指示2 「みき」は、男の子ですか、女の子ですか。それがわかるところを、文章中から見つけてごらんなさい。

[次のところを見つけるだろう]

P60L1「わたし、みき。」
P60L3「みきちゃん」

指示3 （「みき…女の子」と板書し）同じようにノートに書いてごらんなさい。

指示4 「ナニヌネノン」とは、何ですか。それがわかるところを、文章中から見つけてごらんなさい。

[次のところを見つけるだろう]

P59L8「生きもの」
P59L9「遠い星から来ました。」
P61L7「ふるさとのポロロン星」

指示5 （「ナニヌネノン…遠い星のポロロン星から来た生きもの」

留意点など

第1時では、場面ごとにも音読させる。そのため、場面分けは、第1時で伝えておく。

1　P58L1〜P58L4
2　P58L5〜P59L5
3　P59L6〜P60L8
4　P60L9〜P61L7
5　P61L8〜P63L4
6　P63L5〜P65L2
7　P65L3〜P66L11
8　P67L1〜P68L7
9　P68L9〜P68L11
10　P69L1〜P69L8

使用する学習用語	主な発問や指示（予想される子どもの反応）	留意点など
	と板書し）同じようにノートに書いてごらんなさい。 **指示6** 場面ごとに、どんなお話かまとめます。第1場面だけ、音読してごらんなさい。 **指示7** 第1場面でみきはどうしたのですか。「みきは」から始めて、短く書いてごらんなさい。 ［書いたらノートを持って来させて、丸をつける。間違っていても、書いたことを褒める。次の文を書けていた子に板書させ、他の子に写させる］ ［みきはトランプのカードのようなものをひろった。］ **指示8** 第2場面を音読してごらんなさい。 **指示9** 第2場面も短くします。次の四角の中を考えて埋めてごらんなさい。 ［みきは □ を見つけた。］ ［「公園でマヨネーズのようきみたいな形のもの」が入る］ ［第3場面も同様に音読させ、四角の中を考えさせる］ ［みきは □ をわたした。］ ［「ナニヌネノンにあってカード」が入る］ **説明1** 続きは次回やりましょう。	書かせる前に、四角の中に何が入りそうか、近くの人と相談させても良い。 大きく違っていなければ正解として良い。

第3時

使用する学習用語

登場人物（とうじょうじんぶつ）

主な発問や指示（予想される子どもの反応）

［次のように全文を音読させる］

（1）お隣の席の人と、場面ごと交代読み（一回終了したら、読む順番を変えてもう一回）

（2）一人読み

指示1 前回の続きをします。第4場面を音読してごらんなさい。

指示2 第4場面も短くします。次の四角の中を考えて埋めてごらんなさい。

みきは［　　　　］と聞いた。

［「ナニヌネノンがポロロン星に帰る」が入る］

［第5場面以降も同様に、音読させ、四角の中を考えさせる、という方法で行う。第5場面以降は次のとおり］

5　みきはナニヌネノンを見おくろうとのりものにリボンをむすんだ。
6　みきはナニヌネノンにポロロン星の石をもらった。
7　みきはナニヌネノンにポロロン星に来てと言われた。
8　みきはナニヌネノンがのったのりものを見おくった。
9　みきはしょうらいはうちゅうひこうしになろうと思った。
10　みきは小さな石がひみつのたからものになった。

留意点など

書かせる前に、四角の中に何が入りそうか、近くの人と相談させても良い。

第4時

使用する学習用語

主な発問や指示（予想される子どもの反応）

[全文を一人読みさせる]

発問1 この物語を、みんなのおうちの人に教えるとします。どうやって教えると良いですか。近くの人と相談してごらんなさい。（音読してあげる、話を短くまとめて教える、など）

指示1 これまでお勉強したことを使ってみます。登場人物は、誰と誰で、それぞれどんな人ですか。近くの人と言い合ってごらんなさい。

指示2 今言ったことを、「〜です。〜ます」というていねいな言葉でノートに書いてごらんなさい。

[次のように書くだろう]

> とう場人ぶつは、みきという女の子と、遠いポロロン星からきた生きもののナニヌネノンです。

> **指示3** 次にどんなお話なのか、第1場面をまとめた文章から順に書いていきます。「次に」や「そして」などの言葉も付け足して書いてごらんなさい。

[次のような文章が出来上がるだろう]

留意点など

書けない子のために、教師は板書して写させる。

これがあらすじになる。登場人物の説明同様、敬体で書かせる。

使用する学習用語

主な発問や指示（予想される子どもの反応）

> みきはトランプのカードのようなものをひろいました。そして、公園でマヨネーズのようきみたいな形のものをひろいました。みきは、ナニヌネノンにあってカードをわたしました。すると、みきはナニヌネノンがポロロン星に帰ると聞きました。みきはナニヌネノンを見おくろうとのりものにリボンをむすびました。そしたら、みきはナニヌネノンにポロロン星の石をもらいました。みきはナニヌネノンにポロロン星に来てと言われました。みきはナニヌネノンがのったのりものを見おくりました。それから、みきはしょうらいはうちゅうひこうしになろうと思いました。みきは小さな石がひみつのたからものになりました。

指示4　今書いた文を一度読んでごらんなさい。

指示5　この物語を簡単に言うと、どんなお話と言えますか。「みきが〜というお話」という形で書いてごらんなさい。（みきがうちゅうひこうしをめざすようになったお話、みきがナニヌネノンとまた会うやくそくをしたお話、など）

［ノートを持って来させ、丸をつける。丸をつけた子に黒板に書かせる。黒板に並んだ文を、全員に読ませる］

留意点など

読み合わせて、まちがいがないか確認させても良い。

物語文

『友情のかべ新聞』

作者　はやみねかおる

●4年生下巻／66ページ
●授業時期／12月上旬
●授業時数／4時間

〔教材の特徴〕

ミステリー作家が書いた、謎解き感覚の物語文です。構成としては、前話があり、基本的には時系列で書かれていますが、途中で「ぼく」による「推理」が挿入される作りになっています。どこからどこまでが推理か検討させても良いでしょう。また、「ぼく」の一人称視点による語りですが、あまり「ぼく」が出て来ない、やや特殊な物語文と言えます。

本単元で最も大事な学習は、主題を考えることです。また、本授業プランでは、最後に題名を考えさせます。元の題名と自分たちが考えた題名のどちらが良いか、検討させる展開もあるでしょう。

〔授業で使用する学習用語〕

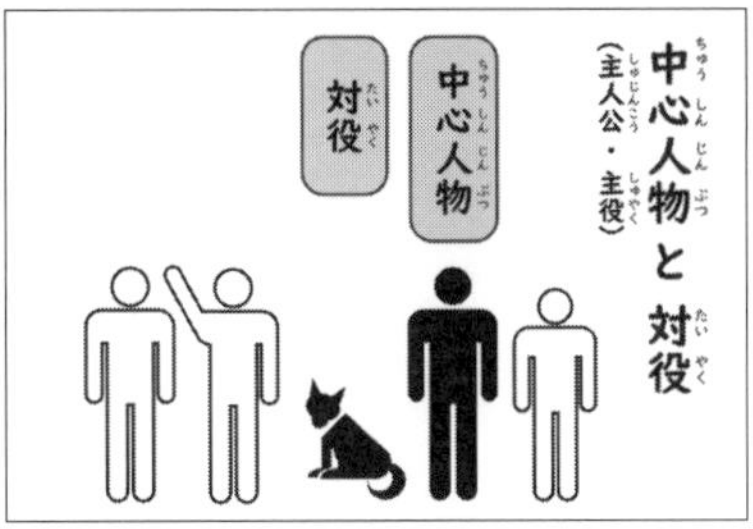

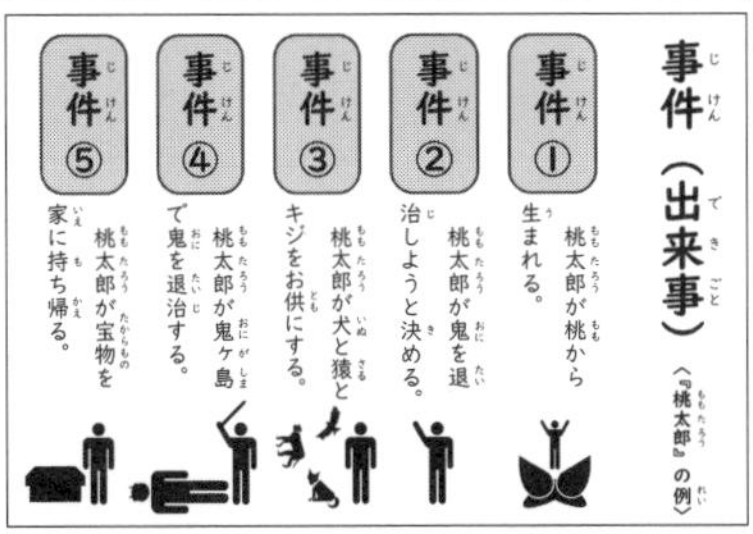

事件（出来事）
〈『桃太郎』の例〉
事件①
桃太郎が桃から生まれる。
事件②
桃太郎が鬼を退治しようと決める。
事件③
桃太郎が犬と猿とキジをお供にする。
事件④
桃太郎が鬼ケ島で鬼を退治する。
事件⑤
桃太郎が宝物を家に持ち帰る。

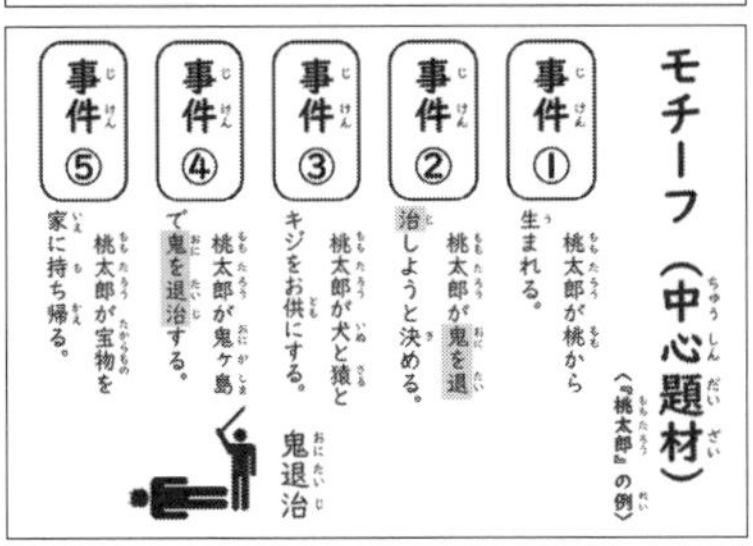

モチーフ（中心題材）
〈『桃太郎』の例〉
事件①
桃太郎が桃から生まれる。
事件②
桃太郎が鬼を退治しようと決める。
事件③
桃太郎が犬と猿とキジをお供にする。
事件④
桃太郎が鬼ケ島で鬼を退治する。
事件⑤
桃太郎が宝物を家に持ち帰る。
鬼退治

第2時

※第1時はすべて音読に充てる。範読後、変化のある繰り返しで二回音読させる。

使用する学習用語

主な発問や指示（予想される子どもの反応）

[次のように全文を音読させる]
（1）四人ほどの班で一文ごとに交代読み（一回終了したら、読む順番を変えてもう一回）
（2）起立させて、一人読み。
[段落番号を書かせる。場面分け（事件）を伝える]

前話…最初～P67L13まで	1場面…P69L14まで
2場面…P71L13まで	3場面…P73L6まで
4場面…P74L2まで	5場面…P75L7まで
6場面…P77L10まで	7場面…最後まで

指示1 登場人物は誰ですか。ノートに書いてごらんなさい。（東君、西君、中井先生、クラスのみんな、ぼく）

指示2 中心人物は誰ですか。今書いたノートに指を置いてごらんなさい。（ぼく）

説明1 「ぼく」はあまり出てきませんが、この物語は「ぼく」が見た視点で語られています。だから中心人物は「ぼく」、対役は「東君と西君」です。

発問1 この物語は、何日間の出来事なのですか。前話は含めないで考えます。近くの人と相談してごらんなさい。（8日間）

留意点など

登場人物の定義がわからなければ教える。

一人称視点と教えても良い。

この発問後、79ページの9行目にある「ここからは、ぼくのすいりだ」は、どこまでか検討させても良い。

使用する学習用語	主な発問や指示（予想される子どもの反応）	留意点など
	指示3 66ページを見てごらんなさい。東君と西君のイラストがあります。どちらが東君で、どちらが西君ですか。それぞれの人物の上に「〜君」と書いてごらんなさい。	教科書に直接書かせる。
	指示4 東君と西君には好きなものがあります。それぞれの人物の横に好きなものを書いてごらんなさい。 **東君** サッカー、算数、ねこ、青 **西君** 読書、国語、犬、赤 	
	説明2 こういう違いを「相違点」と言います。 **指示5** 二人には、同じところ、つまり共通点もあります。どんなことが共通していますか。ノートに書いてごらんなさい。 「ノートを持って来させて、丸をつける。丸をつけた子に黒板に書かせる。次のような意見が出るだろう」 （1）ほうきやプリンが好きなわけではない。 （2）いつも対抗心をもやしている。 （3）相手の意見に反対する。	「相違点」と板書し、教科書にも書かせる。 「共通点」と板書し、ノートにも書かせる。

第3時

使用する学習用語

事件（出来事）〈『桃太郎』の例〉

- **事件①** 桃太郎が桃から生まれる。
- **事件②** 桃太郎が鬼を退治しようと決める。
- **事件③** 桃太郎が犬と猿とキジをお供にする。
- **事件④** 桃太郎が鬼ヶ島で鬼を退治する。
- **事件⑤** 桃太郎が宝物を家に持ち帰る。

主な発問や指示（予想される子どもの反応）

[次のように全文を音読させる]

（1）四人ほどの班で段落ごとに交代読み（一回終了したら、読む順番を変えてもう一回）

（2）起立させて、時間を計って一人読み。

指示1 それぞれの事件を短い一文で表します。すべて25字以内です。まず1場面を音読してごらんなさい。

指示2 1場面を25字以内に、短くしてごらんなさい。

[書いたら持って来させる。十点満点で評価する。それぞれのサイドラインの語句一つで三点、最も重要な語句を体言止めにして一点である。点数をつけたあと、再度ノートに書かせる。まだ黒板に書いてない子にノートを持って来させ、黒板に書かせ、点数をつける。それぞれの場面は、次の一文で表せる]

1 けんかが元でかべ新聞を作ることになった東君と西君。25字
2 かべ新聞を作り休み時間を二人ですごす東君と西君。24字
3 東君と西君が仲よくなった理由を知りたくなるぼく。24字
4 あの日の放課後に何があったのか分かった ぼく。21字
5 けい示板をよごしてしまったことをみとめる 東君と西君。25字
6 二人が仲よくなった理由をすいりするぼく。20字
7 二人の次のかべ新聞がどうなるか考えるぼく。21字

留意点など

向山型要約指導法を使う。すなわち、①重要な言葉を三つ選ばせ、②最も重要な言葉を体言止めにさせる、という方法である。まだこの方法で一度も指導していなければ、サイドラインの言葉を四角にして、その中に当てはまる言葉だけ考えさせても良い。なお、この方法は、説明文で使用する学習用語の「要約」とは異なる。

すべて書かせると時間がかかる。思考させたい場面だけ選んで書かせ、あとは教師から提示しても良い。

第4時

使用する学習用語	主な発問や指示（予想される子どもの反応）	留意点など
モチーフ（中心題材） 〈『桃太郎』の例〉 **事件①** 桃太郎が桃から生まれる。 **事件②** 桃太郎が鬼を退治しようと決める。 **事件③** 桃太郎が犬と猿とキジをお供にする。 **事件④** 桃太郎が鬼ケ島で鬼を退治する。 **事件⑤** 桃太郎が宝物を家に持ち帰る。 鬼退治 	［次のように全文を音読させる］ （1）席の隣同士で段落ごとに交代読み。 （2）起立させて、時間を計って一人読み。 ［前時で書いた文（要約文）を読ませる］ **指示1** この物語を一言で言うと、どんな話と言えますか。「ぼくが、～話。」と30字以内で書いてごらんなさい。 ［書いた子を指名して言わせる。次のような意見が出るだろう］ ぼくが、東君と西君が仲良くなった理由を推理する話。 ぼくが、東君と西君の作った壁新聞の謎を解く話。 **発問1** 「ぼく」の気持ちが大きく変化した一文はどれですか。見つけて、サイドラインを引いてごらんなさい。 ［「そして、分かってしまった。」などに引くだろう。どこに引いたのか、そしてなぜそこに引いたのか、指名して理由を言わせる］ **説明1** それぞれの事件で繰り返される出来事や言葉を「モチーフ」と言います。 **指示2** 七つの事件を短く表した文で、何度か繰り返されている言葉はなんですか。（仲よし）	「モチーフ」と板書する。

使用する学習用語

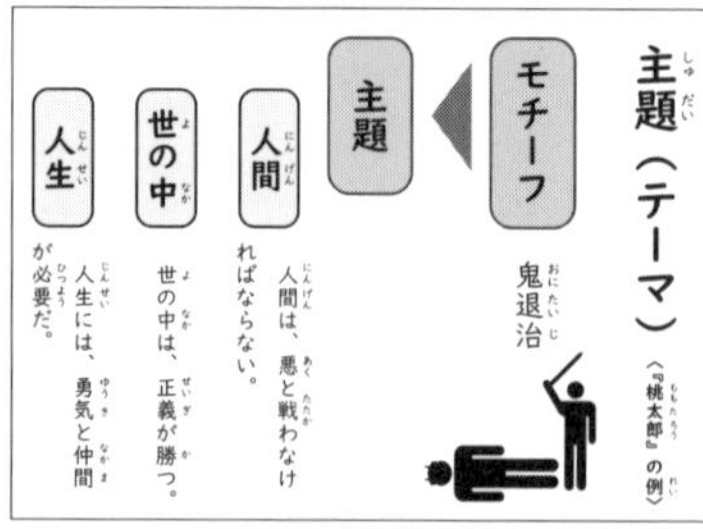
主題（テーマ）
〈『桃太郎』の例〉
モチーフ
鬼退治
主題
人間
人間は、悪と戦わなければならない。
世の中
世の中は、正義が勝つ。
人生
人生には、勇気と仲間が必要だ。

主な発問や指示（予想される子どもの反応）

発問2　「仲よし」という言葉をもとに、主題を考えます。この物語は、何を伝えたかったのですか。「人間」「人生」「世の中」という言葉から始めて、一文で書いてごらんなさい。

［書けたら指名して言わせる。次のような文が出るだろう］

人間は、けんかをしない方が得である。
世の中は、隠し事ができない。
人生には、友達が必要だ。

発問3　題名は『友情のかべ新聞』です。あなたが作者なら、どんな題名をつけたいですか。この物語のおもしろさが伝わるように、「〜かべ新聞」という形で、ノートに書いてごらんなさい。

［書いたらノートを持って来させる。丸をつけて、黒板に書かせる。いくつか黒板に並んだら、どれが一番良いか近くの人と相談させる。その後、自分が一番良いと思う題名を選ばせ、その理由とともに書かせる。最後に書いた内容を発表させる］

留意点など

机間巡視し、書けた子の主題を読んであげると良い。それが書けない子にとっての例示になる。

主題に正解はない。物語の内容から大きく外れず、確かにそう読み取れるのであれば、主題と言える。

全国学力調査問題に見られる「あなたなら」問題である。条件は、①物語のおもしろさが伝わるように、②「かべ新聞」という言葉を修飾するように、だと言える。

物語文

『銀色の裏地』

▼作者　石井睦美

●5年生／26ページ
●授業時期／4月上旬
●授業時数／3時間

〔教材の特徴〕

クラス替えで仲の良い友達と一緒のクラスになれなかった五年生の女の子の話です。共感して読む子が多いでしょう。物語の設定としては、四月の二日間の出来事で、名前が出てくる人物はすべて登場人物となっています。また、中心人物の理緒の心情のみ描かれた、三人称限定視点での語りと言えます。

この単元では、人物関係を理解することが目標です。ただし、四月の教材なので、誰もが取り組める学習になるよう、通常の授業よりも作業を軽減するなどの工夫が必要です。

〔授業で使用する学習用語〕

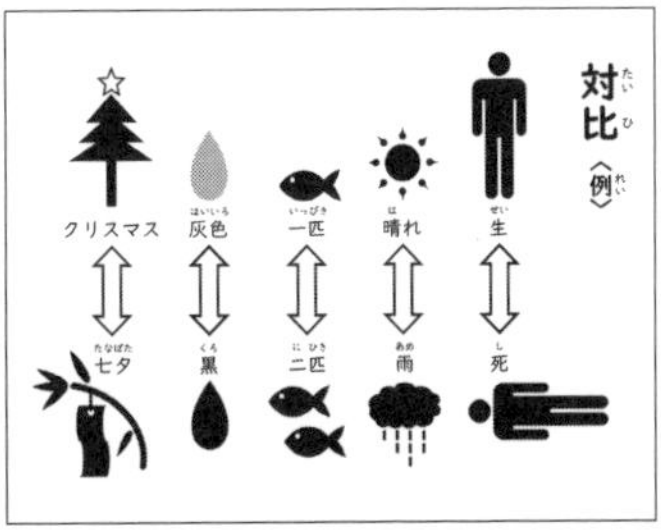

クリスマス

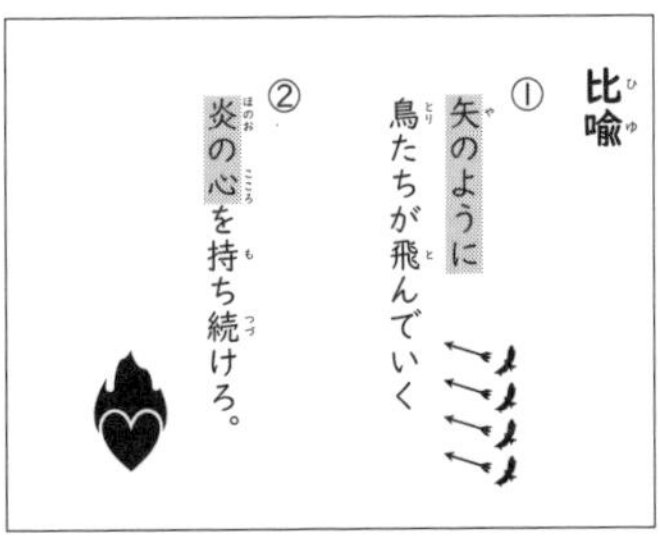

おじいさん
おばあさん

「無事に帰ってきて」
「きびだんごをやろう」
「お供します」

「鬼退治をしなければ」

「桃太郎は強い。降参だ」

比喩
①
矢のように
鳥たちが飛んでいく
②
炎の心を持ち続けろ。

第2時

※第1時はすべて音読に充てる。範読後、変化のある繰り返しで二回音読させる。

使用する学習用語

主な発問や指示（予想される子どもの反応）

［次のように全文を音読させる］

（1）四人ほどの班で一文ごとに交代読み（一回終了したら、読む順番を変えてもう一回）

（2）起立させて、一人読み。

［見開き2ページずつ段落番号を書かせて、確認する］

指示1 登場人物は誰ですか。ノートに書いてごらんなさい。（坂本）理緒、あかね、希恵、お母さん、高橋さん、土田君、上野君）

指示2 26ページ4行目を見てごらんなさい。会話文ですね。誰が話しているのですか。近くの人と相談してごらんなさい。（理緒）

指示3 理緒ですね。そのかぎかっこの上に、理緒の「理」と書いてごらんなさい。

指示4 それぞれの会話文は、誰が話しているのですか。すべてこのように書いてごらんなさい。

［一つずつ確認する］

指示5 中心人物は誰ですか。赤鉛筆で囲ってごらんなさい。この物語では、最初から最後まで出てきているので、わかりやすいですね。（理緒）

指示6 対役は誰ですか。青鉛筆で囲ってごらんなさい。物語の最後にも出てきている人ですね。（高橋さん）

留意点など

範読を聞きながら、意味のわからない言葉に印（言葉の右上に小さな丸など）をつけさせる。範読後に辞書で意味調べをさせると良い。

登場人物の定義がわからなければ教える。この物語では、名前の出てくる人物はすべて登場人物と言える。

このように、話している人物名の最初の一文字目を丸で囲ませる。

一気にさせずに、ページごとに区切って、作業させても良い。

中心人物や対役の定義がわからなければ、イメージ図とともに説明する。

使用する学習用語

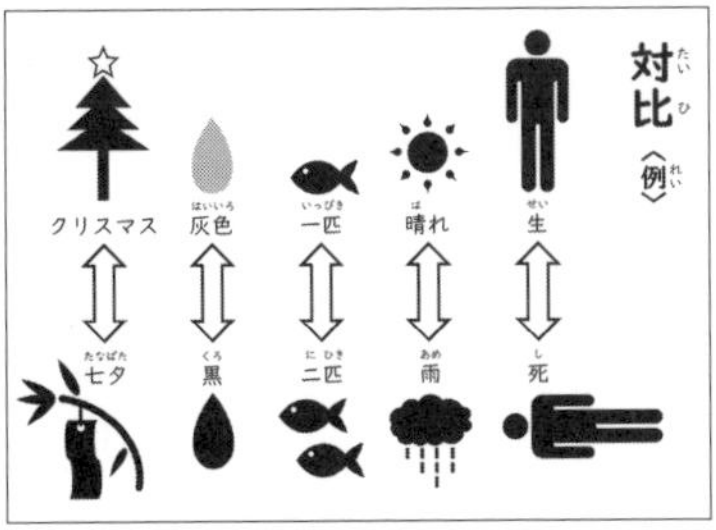

主な発問や指示（予想される子どもの反応）

発問1 中心人物の理緒は、対役の高橋さんの行動などで、物語の最初と最後で心情ががらりと大きく変わっています。どう変わっているか、考えて、次の四角の中を埋めて書いてごらんなさい。

理緒の心情は、［　　　　］から、［　　　　］へ変わっている。

[書いたらノートを持って来させ、丸をつける。丸をつけた子にその意見を黒板に書かせる。次のような言葉が書かれるだろう。「不満」と「満足」。「いやな気持ち」と「いい気持ち」。対比的ならすべて認めたい]

説明1 （黒板の意見をどれか一つ取り上げて）このように、特徴が違う言葉を二つ並べて比べることを「対比」と言います。

（「対比」と板書し、ノートに写させる）

指示7 この物語文にも、対比になっている言葉があります。見つけて「〜・〜」と書いてごらんなさい。

[次の言葉などが見つかるだろう]

(1) 頭で分かること・心がみとめること
(2) 二人・一人
(3) 今日もいい天気・思いっきりくもり
(4) 左どなりは高橋さん・右どなりはかべ
(5) 作文コンクールで賞を取った・文章を書くのが苦手

留意点など

理緒の心情、特に最後の場面での心情は、具体的に書かれていない。したがって、書くのに困っている子がいたら、「文章には直接書かれていない。だから四角に入る言葉は、自分で考えるのだ」と伝える。

わからない子には、黒板の意見を写させても良い。その際、「写すのも大事なお勉強です」「一番悪いのは、何もしないことです」と趣意説明をする。

見つけた対比を発表させるときは、「○ページから見つけた人?」などとページごとに区切って聞いていく。

第3時

使用する学習用語

人物関係

比喩

① 矢のように鳥たちが飛んでいく

② 炎の心を持ち続けろ。

主な発問や指示（予想される子どもの反応）

[次のように全文を音読させる]

（1）席の隣同士で、一文ごとに交代読み（一回終了したら、読む順番を変えてもう一回）

（2）起立させて、時間を計って一人読み。

指示1 物語の登場人物の関係を図にします。ワークシートを埋めてごらんなさい。

[それぞれの答えを確認する]

発問1 理緒は、自分自身のことをどう思っていますか。それがわかる一文を書き抜いてごらんなさい。

（その発見を、理緒はなぜかすなおに喜べなくて、喜べない自分にもやもやした。）

発問2 理緒が望んでいることは何ですか。予想して、ノートに書いてごらんなさい。（仲の良い友達と一緒のクラスになりたい、など）

説明1 「銀色の裏地」とは、何かを例えているのです。こういう表現を比喩と言います。

指示2 何を「銀色の裏地」と例えているのですか。「〜こと」という形で書いてごらんなさい。（雲の裏側が銀色にかがやいていること、など）

留意点など

ワークシートを配付する。

わからなそうなら、30ページに書いてあることを教える。

予想なので、解は様々ある。物語の内容から大きく外れていなければ良い。

「比喩」と板書し、ノートに書かせる。

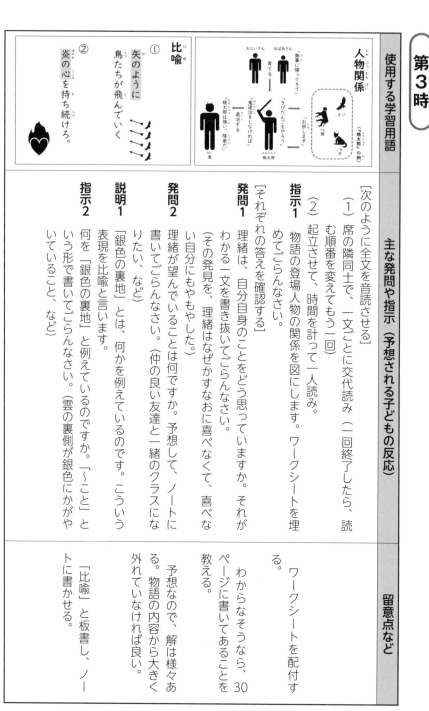

使用する学習用語

主な発問や指示（予想される子どもの反応）

指示3　34ページの真ん中あたりを見てごらんなさい。「こまったことがあっても、いやなことがあっても、いいことはちゃんとある」と書いてあります。そこにサイドラインを引いてごらんなさい。

発問3　理緒にとって、こまったことやいやなこととはどんなことですか。ノートに書いてごらんなさい。

［発表させ、黒板に書かせる。次のような答えが並ぶだろう］

> あかねや希恵と同じクラスになれなかったこと。
> 朝からくもっていたこと。

発問4　理緒にとって、いいことはちゃんとありましたか。（「あった」と答えるだろう）では、どんないいことですか。ノートに書いてごらんなさい。

［発表させ、黒板に書かせる。次のような答えが並ぶだろう］

> 高橋さんがいい人だったこと。
> 高橋さんと友達になれたこと。
> 「銀色の裏地」を知れたこと。

説明2　このように、「銀色の裏地」はあったわけですね。

留意点など

「どんなこと」と問うているので、文末は「こと」で終わらせる。

教師が書くのではなく、発表した子に書かせる。一人に発表させ、その子に黒板に書かせている間に、次の子を指名して発表させる。

ワークシート

氏名（　　　　　　　　　　）

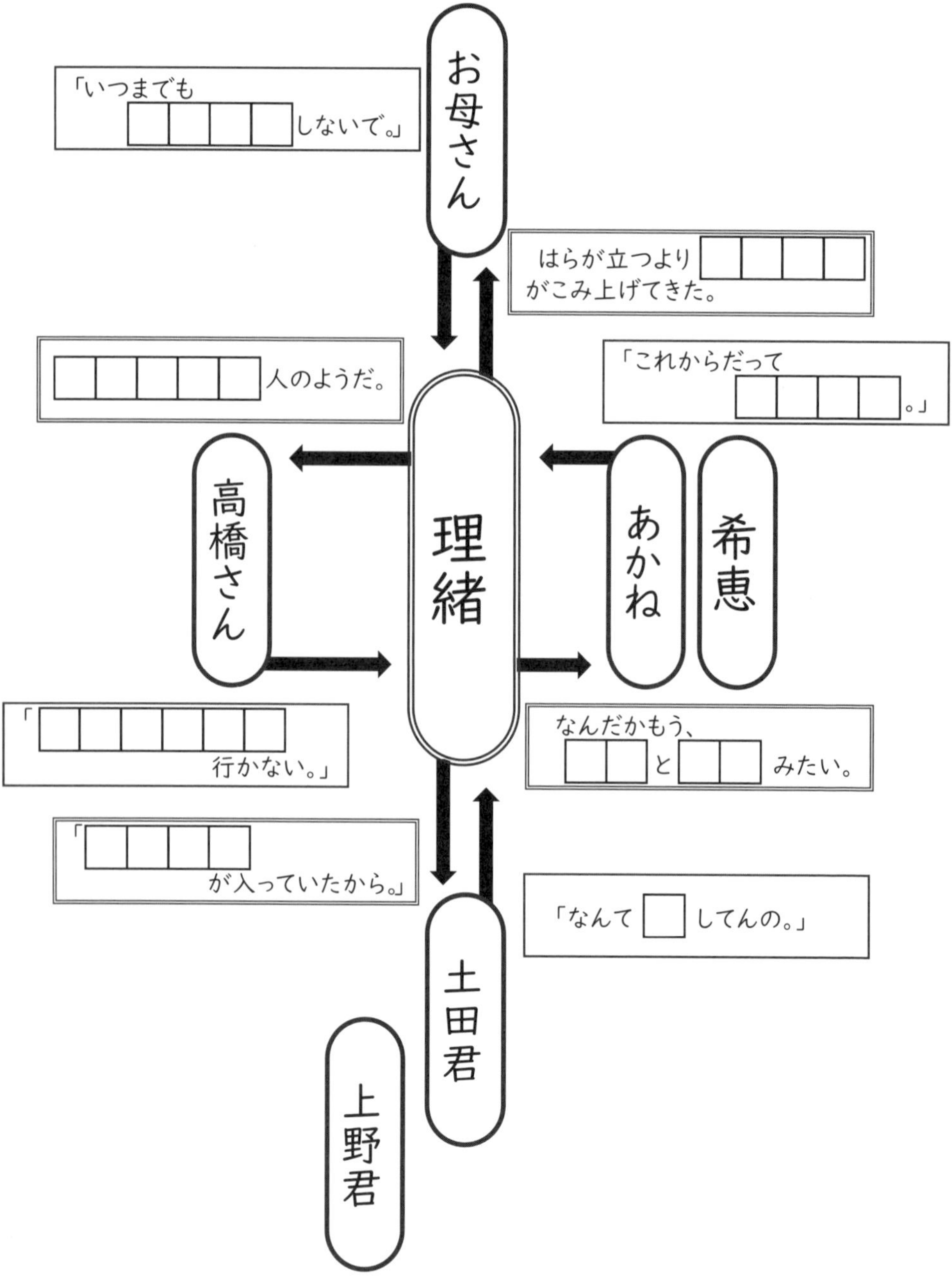
お母さん
「いつまでも□□□□しないで。」
はらが立つより□□□□がこみ上げてきた。
□□□□□人のようだ。
「これからだって□□□□。」
理緒
高橋さん
あかね
希恵
「□□□□□□行かない。」
なんだかもう、□□と□□みたい。
「□□□□が入っていたから。」
「なんて□してんの。」
土田君
上野君

ワークシート　答え　　氏名（　　　　　　　　）

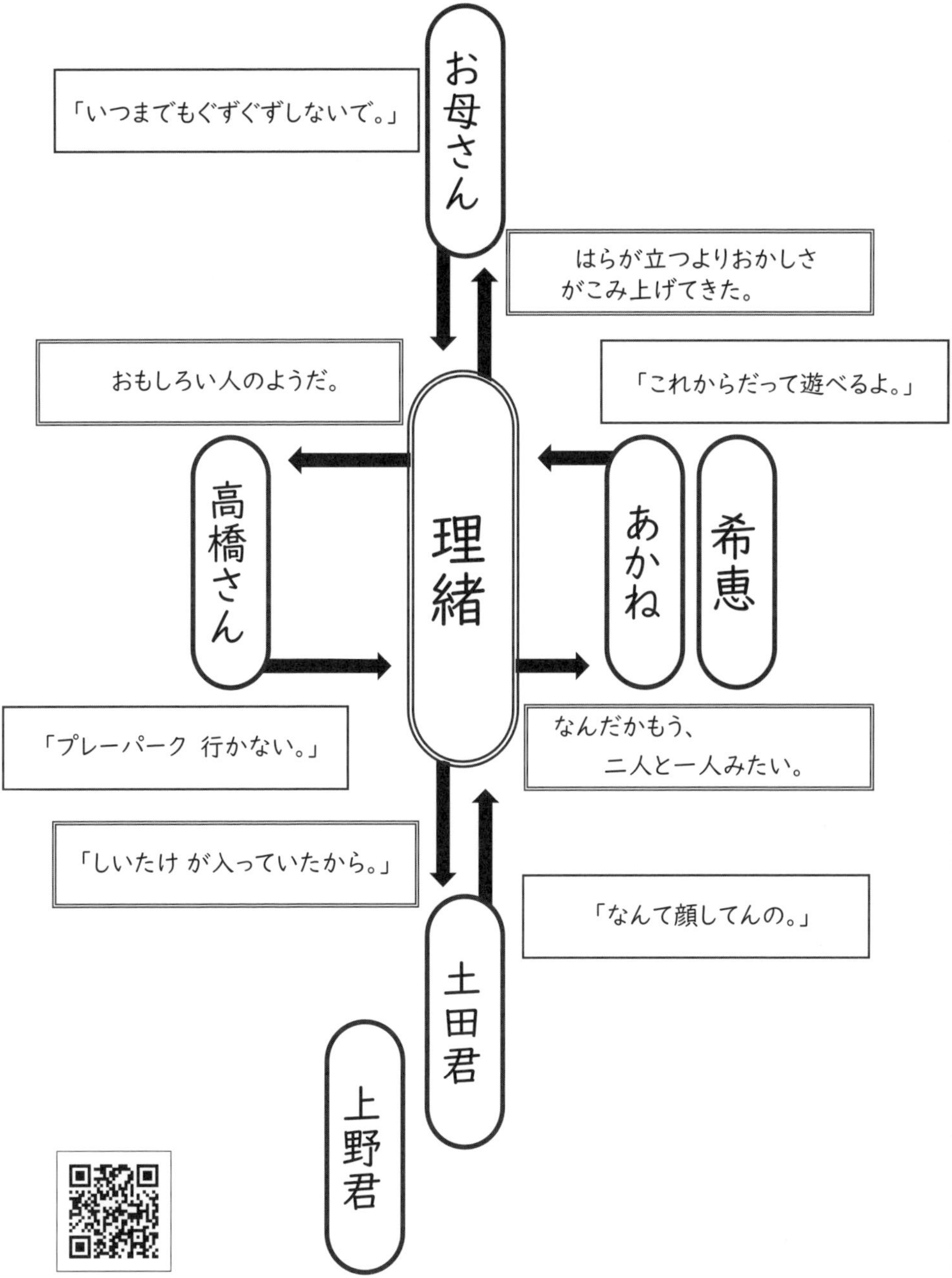
お母さん
「いつまでもぐずぐずしないで。」
はらが立つよりおかしさがこみ上げてきた。
おもしろい人のようだ。
「これからだって遊べるよ。」
高橋さん
理緒
あかね
希恵
「プレーパーク　行かない。」
なんだかもう、二人と一人みたい。
「しいたけ が入っていたから。」
「なんて顔してんの。」
土田君
上野君

物語文

『ぼくのブック・ウーマン』

作者 ヘザー＝ヘンソン
訳者 藤原宏之

●6年生／174ページ
●授業時期／12月上旬
●授業時数／3時間

【教材の特徴】

前話から始まる物語文です。登場人物も多くなく、一人称視点や時系列順で書かれており、読みやすい文章と言えます。時代や場所の設定やブック・ウーマンの仕事は、文章の最後に書かれています。クライマックスの一文を検討する学習では、意見が分かれるでしょう。クライマックスの定義を確認させ、何がどのように大きく変化しているのか、自分の解をしっかり持たせたいところです。

なお、本授業プランでは、事件は五つとしています。別の分け方もできるでしょう。

【授業で使用する学習用語】

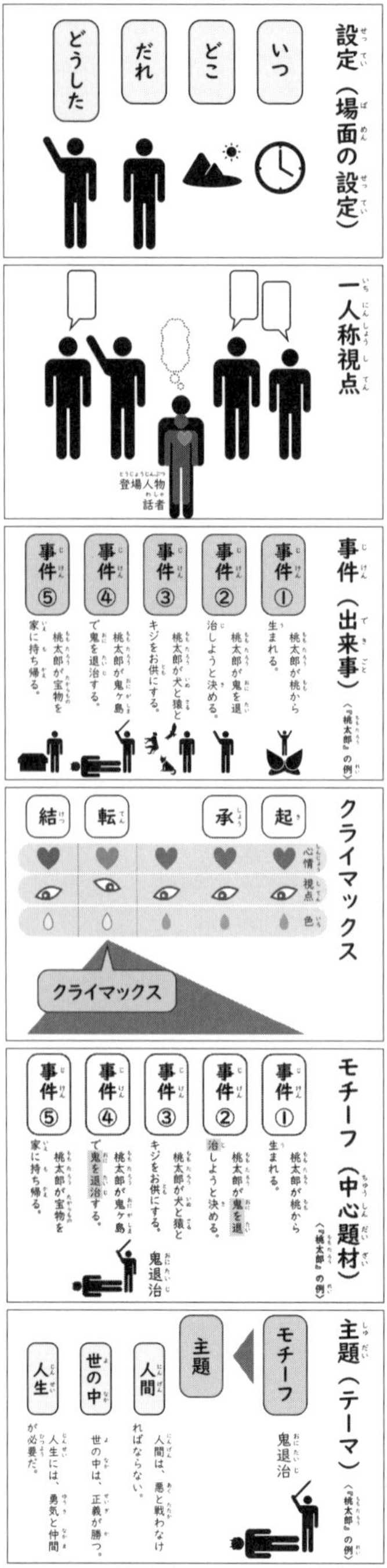

第1時

使用する学習用語

登場人物（とうじょうじんぶつ）

設定（場面の設定）（せってい（ばめんのせってい））

いつ
どこ
だれ
どうした

主な発問や指示（予想される子どもの反応）

[次のように音読させる]
（1）範読
（2）四人ほどの班で段落ごとに交代読み（一回終了したら、読む順番を変えてもう一回）

[見開き2ページずつ段落番号を書かせて、確認する]

指示1 登場人物は誰ですか。ノートに書いてごらんなさい。（カル（ぼく）、父さん、母さん、ラーク（妹）、ブック・ウーマン（図書館員））

指示2 中心人物は誰ですか。二重丸で囲んでごらんなさい。（カル）

指示3 対役は誰ですか。丸で囲んでごらんなさい。（ブック・ウーマン）

指示4 物語の設定はどうなっていますか。時、場所、誰が何をする話か、ノートに書いてごらんなさい。

> **時** 昔（一九三〇年代）の夏から冬
> **場所** 山のずっと高い所にある家
> **話** カルが本を読む話。カルが本を好きになる話。
> ブック・ウーマンが本を届ける話。

発問1 この物語の視点は一人称視点と三人称視点のどちらですか。近くの人と相談してごらんなさい。

留意点など

範読を聞きながら、意味のわからない言葉に印（言葉の右上に小さな丸など）をつけさせる。範読後に辞書で意味調べをさせると良い。念のため、ブックは本、ウーマンは女性を表すことも確認すると良い。

対役は、ラークかブック・ウーマンか意見が分かれる場合もあるだろう。そのときは中心人物・カルの心情を変えたのは誰か、という視点で話し合わせる。「本を届けたブック・ウーマン」という意見が多いだろう。

時が夏から始まるというのは、「ひざたけのズボンをはいている」「キイチゴがなる」「野菜がある」という状況から推定できる。

使用する学習用語

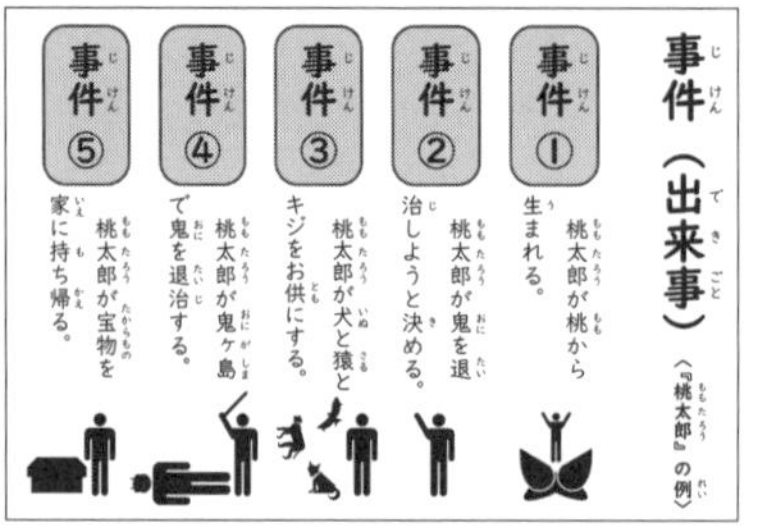

事件（出来事）〈『桃太郎』の例〉
事件① 桃太郎が桃から生まれる。
事件② 桃太郎が鬼を退治しようと決める。
事件③ 桃太郎が犬と猿とキジをお供にする。
事件④ 桃太郎が鬼ケ島で鬼を退治する。
事件⑤ 桃太郎が宝物を家に持ち帰る。

主な発問や指示（予想される子どもの反応）

[何人かに意見を言わせる。一人称視点と答えるだろう。どの文でそれがわかるか、二、三人に答えさせる]

説明1 事件は五つあります。四段落までは前話と言って、事件ではありません。

指示5 一七段落まで、二つの事件があります。二つめはどこから始まりますか、指を置いてごらんなさい。（一六段落と一七段落の間）

説明2 事件3は、二五段落まで。事件4は、三〇段落まで。事件5は、最後の段落までです。

[それぞれの事件の間に線を引かせ、「事件1」などのようにすべて書かせる]

指示6 それぞれの事件を、「カルが、〜」という形で短い文でまとめてごらんなさい。

[班の中で話し合わせ、よりよい意見にまとめさせる。班でまとめた意見を全体の場で出させる。次のようになるだろう]

事件1 カルが、本なんかほしくないと思う。
事件2 カルが、馬はなんと勇ましいのだろうと思う。
事件3 カルが、ブック・ウーマンが来る訳を知りたくなる。
事件4 カルが、本を読み始める。
事件5 カルが、ブック・ウーマンに本を読む。

留意点など

仮に三人称視点なら、さらに全知視点か客観視点か限定視点かを問う。

時間の経過をもとに考えれば、「ブック・ウーマンが初めて来た日」「以来何度か来た日」と分かれる。

出された意見が大きく異なっていれば、簡単に討論させる。

第2時

使用する学習用語

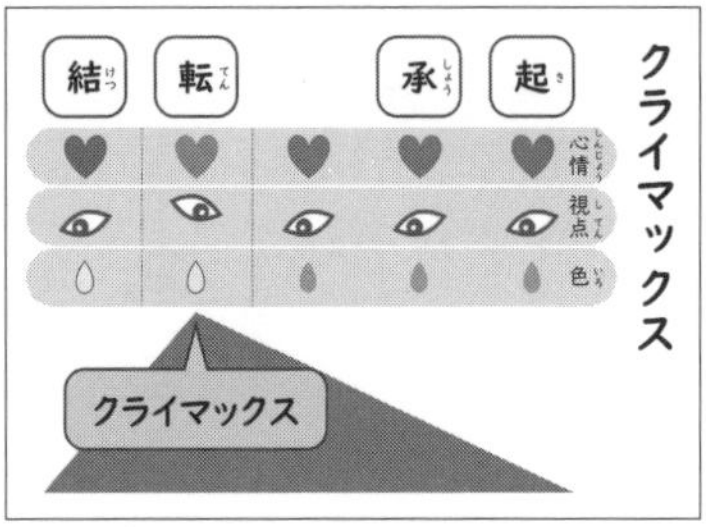

主な発問や指示（予想される子どもの反応）

[次のように音読させる]

（1）席の隣同士で句点で区切った交代読み。（一回終了したら、読む順番を変えてもう一回）

（2）時間を計って、一人読み。

指示1 それぞれの事件を、起承転結に分けてごらんなさい。（起…事件1、承…事件2、転…事件3と事件4、結…事件5）

指示2 クライマックスの一文はどれですか。ノートに、何ページの何行目と書いて、そっくりそのまま書き抜いてごらんなさい。

[次のような意見が出るだろう。討論をさせる]

A P180 L10 とつぜん、ぼくは――
B P180 L13 ぼくは、文字と絵のある――
C P180 L14 「何て書いてあるか――
D P182 L8 女の人が行こうと――
E P182 L10 「ぼくも、何か――

留意点など

時間を教科書にメモさせる。

カルの心情の変化をもとにさせれば、起承転結で意見は割れないだろう。もしも起承転結に分ける学習に慣れていない場合は、全体で「転」から検討すると良い。

クライマックスを検討する学習に慣れていない場合は、局面を限定し、「転」の中から探させると良い。あるいは、クライマックスは180ページか182ページかの二者択一で討論させても良い。

討論は討議と異なり、結論は出さなくて良い。討論の前には、なぜその一文がクライマックスだと思ったのか、できるだけたくさん理由をノートに書かせる。

使用する学習用語

モチーフ（中心題材）〈『桃太郎』の例〉

- 事件① 桃太郎が桃から生まれる。
- 事件② 桃太郎が鬼を退治しようと決める。
- 事件③ 桃太郎が犬と猿とキジをお供にする。
- 事件④ 桃太郎が鬼ケ島で鬼を退治する。
- 事件⑤ 桃太郎が宝物を家に持ち帰る。

鬼退治

主題（テーマ）〈『桃太郎』の例〉

モチーフ　鬼退治

主題

- 人間　人間は、悪と戦わなければならない。
- 世の中　世の中は、正義が勝つ。
- 人生　人生には、勇気と仲間が必要だ。

主な発問や指示（予想される子どもの反応）

発問1　その一文で、何がどう変化したのですか。「～が～に変化した」とノートに書いてごらんなさい。（本はいらないというカルの気持ちが、本を読もうという気持ちに変化した、など）

発問2　モチーフは何だと思いますか。事件の言葉から考えて、ノートに書いてごらんなさい。（本）

発問3　モチーフの「本」を使って、題名を詳しくします。次の四角の中を考えてごらんなさい。

『□、ぼくのブック・ウーマン』

[何人かに発表させる。「本の楽しみを教えてくれた」「本を一生懸命届けてくれた」などが入るだろう]

発問4　この物語の主題は何だと思いますか。モチーフをもとに考えて、「人間」「世の中」「人生」から書き出してごらんなさい。

[ノートを持って来させ、丸をつけて、黒板に書かせる。次のような文が並ぶだろう]

- 人間は、知識や助けてくれる人が必要だ。
- 世の中には、他人のために力をつくす人がいる。
- 人生には、読書が不可欠である。

指示3　これはいいなと思った意見を、ノートに書いてごらんなさい。

留意点など

モチーフは繰り返されているものであるから、ここでは本だろう。ブック・ウーマンとどちらか迷うのであれば、最初から最後まで出てきたのはどちらか、という視点で考えさせても良い。

第3時

使用する学習用語	主な発問や指示（予想される子どもの反応）	留意点など
	［次のように音読させる］ （1）席の隣同士で段落で区切った交代読み。（一回終了したら、読む順番を変えてもう一回） （2）時間を計って、一人読み。 **説明1** この物語を読んで、どんな感想を持ったか、ノートに書く学習をします。 **指示1** 一字下げて、「文章中にこうある。」と書いてごらんなさい。 **指示2** その下に文章を続けます。最も印象的なのは、どこの部分ですか。一つ選び、その文章を写してごらんなさい。引用なので、かぎかっこです。 **指示3** 段落を変えます。今書いた部分と同じような経験をノートに書いてごらんなさい。もしも同じような経験がなかったら、まったく違う立場にいる自分の状況を書いてごらんなさい。 **指示4** 段落を変えます。最後に感想を書きます。今書いた一段落と二段落を読んで、そこから感じたことを書いてごらんなさい。 ［次のような文章が出来上がるだろう。ノートを交換し合って、読ませる］ 文章中にこうある。「でも、今は、何が書いてあるか分かる。ほんの少しだけ、声に出して読んだ。」	前時の時間と比較させる。 山田加代子氏考案の、山田式読書感想文指導法をアレンジしている。「引用」「体験（または現状）」「感想」の順番で書かせる。 書けない子には、個別指導をする。特に二段落や三段落が書けないだろうから、例示してあげると良い。あるいは、教師が書いたお手本の文章を先に読ませてから書かせると良い。 同じような経験がある、という例である。

使用する学習用語

主な発問や指示（予想される子どもの反応）

私にも同じような経験がある。初めて英語を習った時のことだ。それまで私は英語を読めなかった。しかし、「green」をグリーンと読むこと、「blue」をブルーと読むことなど、発音と一緒に単語を見て、「なんだかローマ字みたいで、読めそうだ」と思った。何度か見て発音の練習をするうちに、今では色を表す単語くらいは、すらすら読めるようになった。

カルも、最初は「ニワトリの引っかいたみたいな文字」と言っていたが、言葉が読めてわかるようになったことで、うれしかったと思う。私は英語の単語を読めるようになって、少し大げさだが、「世界が変わった」と思った。きっとカルも、そういう気持ちだろう。

文章中にこうある。「女の人は、家の中に冷たい風が入りこまないように、ドアのすき間から本を手わたした。」

ぼくは、ほとんど毎週、県立図書館に行って本を借りている。家から近いので、自転車で行ける。いつも自分が読みたい本を、大体十冊くらい借りて来る。

物語は一九三〇年代のアメリカで、現代とは違うけれど、カルのような子がいたということに驚いた。本を届けてもらってしか読めない状況というのは、今のぼくとまったく違う。でも、だからと言って、カルが不幸せかと言うと、そうも言えないだろう。なぜなら、ブック・ウーマンがいたからだ。人のためにつくす、ブック・ウーマンのような強く優しい人に、ぼくもなりたい。

留意点など

同じような経験がない、まったく違う立場にある、という例である。

詩　『おいわい』（にじ　ひめこ）

▼作者　工藤直子

●1年生下巻／75ページ
●授業時期／1月中旬
●授業時数／1時間

〔教材の特徴〕

この詩の作者は工藤直子です。「にじ　ひめこ」という表記は、話者と理解した方が良いでしょう。詩中にある「のはらに　リボンを　かけました」という表現は、比喩（暗喩）です。「にじをリボンに例えている」と理解することが、この詩を読み取る上で大切な事柄の一つです。また、比喩への理解を深めるために、簡単な比喩を考えさせると良いでしょう。

「リボン（にじ）」は大きいか小さいか検討させることは、今後の「イメージ」の学習につながります。

〔授業で使用する学習用語〕

比喩

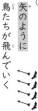

①　矢のように
鳥たちが飛んでいく

②　炎の心を持ち続けろ。

第1時

使用する学習用語	主な発問や指示（予想される子どもの反応）	留意点など
	[変化のある繰り返しで、十回音読させる] **指示1**　このように短いお話を「詩」と言います。言ってごらんなさい。（詩） **指示2**　この詩の題名はどれですか。指を置いてごらんなさい。（『おいわい』） **指示3**　お話している人は誰ですか。指を置いてごらんなさい。（にじ　ひめこ）	作者は工藤直子である。「にじ　ひめこ」は話者と言えそうだが、一年生は混乱するだろう。「お話している人」とする方が良い。
	指示4　「うれしい　ことが　ありました」と書いてあります。みんなにとって、「うれしいこと」は何ですか。お隣の人に言ってごらんなさい。 [言えた子を、三、四人指名して答えさせる。すべて認め、褒める] **指示5**　「リボン」を丸で囲ってごらんなさい。 **発問1**　このリボンは、何色だと思いますか。思いついたら、立ってごらんなさい。 [立った子全員に発言させる。出た意見をすべて黒板に書く。赤、青、黄色……などと出るだろう] **説明1**　このリボンの色は、七つあります。赤、オレンジ、黄色、緑、青、藍色、紫、です。 [黒板にそれらの色が出されていたら花丸をつける]	それ以外の色には丸をつける。

使用する学習用語

比喩（ひゆ）

①　矢（や）のように　鳥（とり）たちが飛（と）んでいく

②　炎（ほのお）の心（こころ）を持（も）ち続（つづ）けろ。

主な発問や指示（予想される子どもの反応）

指示6　七つの色のリボンなのです。このリボンは、つまり、何ですか。わかった人は言ってごらんなさい。（にじ）

[「リボン」に「にじ」を当てはめて詩を読ませる]

説明2　「にじ」のことを「リボン」と言ったのですね。

[「リボンのようなにじ」と板書する。一回読ませる]

説明3　「何々のような何々」という言い方を「比喩」と言います。言ってごらん。（ひゆ）

指示7　[「□のようなプール」と板書する] 何々のようなプール。四角にはどんな言葉が入りそうですか。近くの人と相談してごらんなさい。

[発言できる子全員に言わせる]

（お風呂のようなプール。海のようなプール。など）

発問2　この「リボン」は、大きいでしょうか、小さいでしょうか。近くの人に言ってごらんなさい。

[言えた子を三、四人指名して答えさせる。「にじだから大きい」「のはらにかかっているから大きい」などと、言葉を根拠に考えた子を特に褒める]

発問3　「うれしい　ことが　ありました」の「うれしいこと」は、何だと思いますか。ヒントは、リボン、つまりにじです。わかった人は立ってごらんなさい。

[立った子全員に答えさせる。すべて認め、褒める]

[全員で詩を音読し、授業を終える]

留意点など

難しそうならば、ここでは、学習用語を教えなくても良い。

意見が出なければ、教師が例示する。

最後に教師の解を伝えても良い。「うれしいこと」は、雨だろう。雨が降ったから、「おいわい」でにじをかけたのだ。

詩 『うみ』（一部） 文部省唱歌

▼作者 林柳波

●3年生上巻／93ページ
●授業時期／6月中旬
●授業時数／1時間

【教材の特徴】

この詩は七五調で、リズムが良いのが特徴です。何度も音読させて、暗唱させるのも良いでしょう。また、「対比」や「対句」が使われており、学習用語を教える上でも非常に役立つ作品と言えます。

なお、2行目は「うみは」という主語が省略されています（「主語の渡り」とも呼ばれます）。主語がない方がリズムが良いからです。授業では、なぜ主語が書かれていないか、検討させても良いでしょう。

【授業で使用する学習用語】

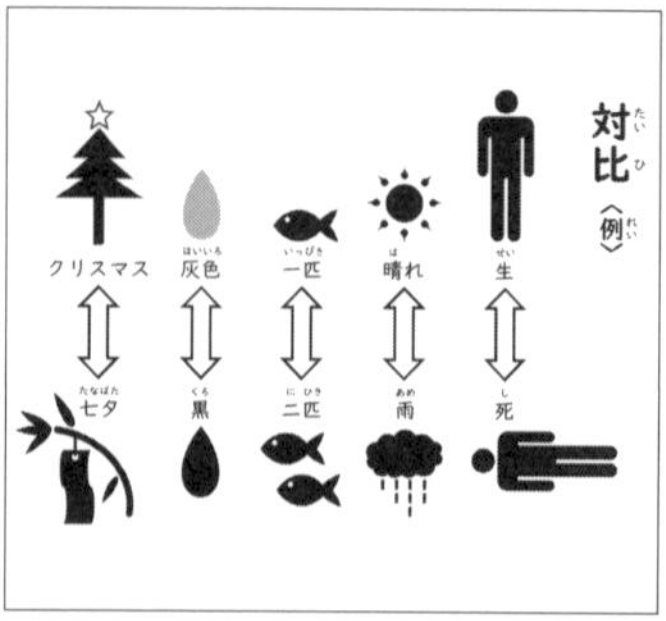

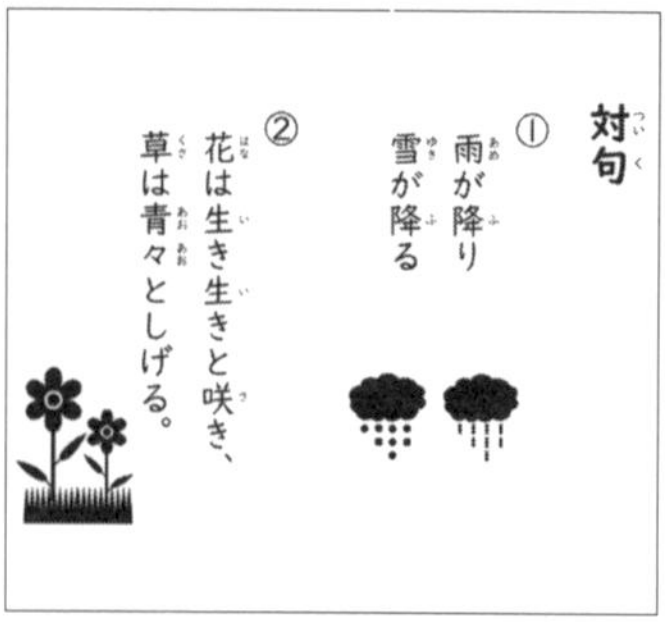

第1時

使用する学習用語

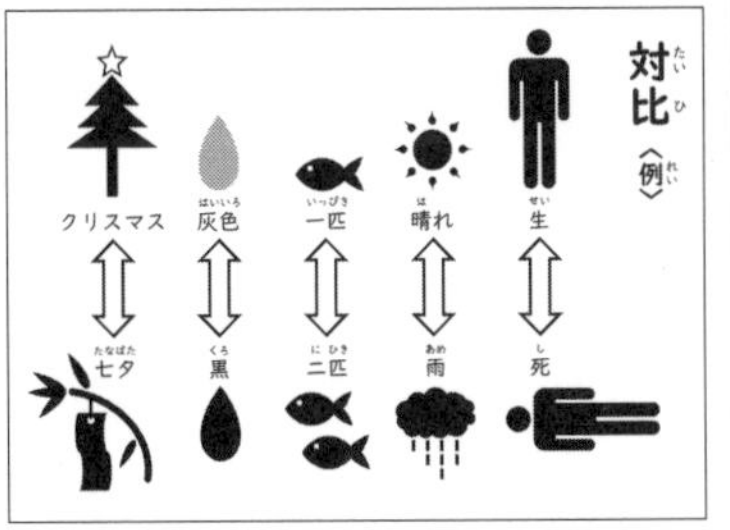

主な発問や指示（予想される子どもの反応）

[変化のある繰り返しで、十回音読させる]

指示1　「うみ」とは何ですか。漢字で書いてごらんなさい。（海）

指示2　見えているものは何ですか。ノートに書いてごらんなさい。（海、空、雲、月、日）

発問1　対句はどれですか。ノートに書いてごらんなさい。（「ひろいな」と「大きいな」、「月がのぼる（し）」と「日がしずむ」）

発問2　対比されているものは何ですか。また、それはどういう対比ですか。ノートに書いてごらんなさい。

[書いたものを発表させる。次のものが出るだろう]

ひろい↕大きい　〈海の様子の対比〉
のぼる↕しずむ　〈動きの対比〉
月↕日　〈空にあるものの対比〉
うみ↕月と日　〈大きさの対比〉〈色の対比〉
うみ↕空　〈上下の対比〉〈空間の対比〉
昼↕夜　〈時間の対比〉〈明るさの対比〉
止まっている↕動いている　〈状態の対比〉

発問3　2行目。「大きいな」の主語は何ですか。ノートに書いてごらんなさい。（うみは）

留意点など

「話者に見えているもの」と表現しても良い。

書かせる前に、教師の解を一つ例示しても良い。

「どういう対比かわからない場合は、書かなくても良い」と指示しても良い。

「うみは」を当てはめさせて、一度音読させても良い。

使用する学習用語	主な発問や指示（予想される子どもの反応）	留意点など
対句 ① 雨が降り 雪が降る  ② 花は生き生きと咲き、 草は青々としげる。 	**発問4** この詩を二つに分けるとします。どこで分けられますか。指を置いてごらんなさい。（2行目と3行目の間） **発問5** 最初の2行を、漢字二字で表してごらんなさい。（広大、海洋、広々、大海、など） **発問6** 最後の2行を、漢字二字で表してごらんなさい。（日月、上下、昇降、時間、一日、夕方、など） **発問7** 題名は『うみ』です。詩の内容をもとにすると、どんな「海」だと言えますか。「〜海」という言い方で、ノートに書いてごらんなさい。 [書いたらノートを持って来させる。丸をつけてやり、黒板に書かせる。次のものが出るだろう] （夕方の海、広大な海、一日の海、歴史のある海、どこまでも続く海、いつまでもある海、昼と夜の海、など） **発問8** 黒板に書かれた意見で、一番良いのはどれだと思いますか。一つ選んで、理由も書いてごらんなさい。 [意見を発表させる] **発問9** さっき出た対比の中で、一番大事な対比は何だと思いますか。理由とともに、ノートに書いてごらんなさい。 [意見を発表させる] [最後に、各自に詩を読ませ、授業を終える]	ノートではなく、Jamboardに書かせる方法もある。他の意見を参考にしやすいので、どの子も書きやすいだろう。 何でも良い。多様な意見を引き出し、すべて認めたい。

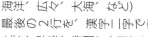

詩 『ふじ山』（一部）

▼作者　巌谷小波

●3年生上巻／93ページ
●授業時期／6月中旬
●授業時数／1時間

【教材の特徴】

この詩は同ページの詩『うみ』と同様に、七五調でリズムが良いのが特徴です。「あたまを～出し」などの「擬人法」は、ふじ山（富士山）の高さを強調する効果があります。また、ふじ山に親しみを持たせる効果もあります。このようなレトリックの効果を知ることが大事です。

なお、三年生には「四方」という語句は難しいと思われます。辞書で調べさせたり、教師が説明したりすると良いでしょう。

【授業で使用する学習用語】

擬人法

① 太陽が目を閉じて

② 魚がおどる。

第1時

使用する学習用語	主な発問や指示（予想される子どもの反応）	留意点など
擬人法 ① 太陽が目を閉じて  ② 魚がおどる。 	［変化のある繰り返しで、十回音読させる］ **指示1**　「四方」とは何ですか。辞書で調べてごらんなさい。 **発問1**　「あたまを雲の上に出し」とあります。何が頭を出しているのですか。ノートに書いてごらんなさい。（ふじ山） **発問2**　「四方の山を見おろして」とあります。何が見下ろしているのですか。ノートに書いてごらんなさい。（ふじ山） **指示2**　それぞれの行に「ふじ山が」という言葉を付け足して読んでごらんなさい。 **発問3**　頭を出す、見下ろすなど、まるで人間が行動しているように富士山を表現しているのです。このような表現を何と言いましたか。お隣の人に言ってごらんなさい。（擬人法） **発問4**　1行目を絵にするとします。次のA、B、Cのどれが正しいと思いますか。ノートに記号を書いてごらんなさい。 ［どれを書いたか挙手させる。Aが多いだろう。なぜそう考えたのか二、三人に理由を言わせる］	「四方」とは「東西南北のこと」「周りのこと」である。この詩では、後者の意味だ。いきなり辞書で調べさせず、意味を予想させても良い。 「ふじ山が」と、教科書中のそれぞれの行の冒頭に書かせても良い。 Ⓐ  Ⓑ  Ⓒ 

使用する学習用語

主な発問や指示（予想される子どもの反応）

発問5 もし、ふじ山がCの様子なら、1行目の文はどう変わりますか。ノートに書いてごらんなさい。

（首を雲の上に出し、おなかを雲の上に出し、など）

指示3 Aの絵をノートにかいてごらんなさい。

発問6 2行目の様子を、絵に付け足してごらんなさい。かいたらノートを持っていらっしゃい。

［かかれた絵を二、三種類に分類し、それぞれを子どもに板書させる。次のような意見が出るだろう］

指示4 どの意見が正しいと思いますか。近くの人と言い合ってごらんなさい。

［何人かに発表させる。「見おろす」とあるので、①のようにかかれている絵が正しいことを伝える］

［最後に、各自に詩を読ませ、授業を終える］

留意点など

擬人法が使われていたら、強く褒める。

ポイントは次の二つである。

1. 富士山が見下ろしているか。（他の山々の方が低くかかれてあるか）
2. 四方に山があるか。（富士山が複数の山に囲まれているか）

②や③のような意見を出してくれたからこそ、みんなの勉強が深まったのだと価値づける。

詩『上弦の月』

作者　堀田美幸

●4年生下巻／93ページ
●授業時期／1月上旬
●授業時数／1時間

〔教材の特徴〕

二連からなる詩です。五音や七音が多く、リズムが良いのも特徴です。また、青空と月が対比されており、色のイメージを扱える作品でもあります。

使われている表現技法は「体言止め」です。また、二連の主語が「お月さま」とするならば、「擬人法」も使われていることになります。

なお、「上弦の月」を知らない子もいるはずなので、写真などを見せると良いでしょう。

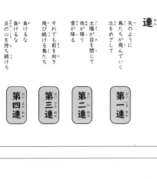

〔授業で使用する学習用語〕

連

矢のように
鳥たちが飛んでいく
北をめざして

第一連

太陽が目を閉じて
雨が降り
雪が降る

第二連

それでも前を向き
飛び続ける鳥たち

第三連

負けるな
負けるな
炎の心を持ち続けろ

第四連

体言止め

①
飛び続ける鳥たち

②
仁王立ちする鬼。

対句

①
雨が降り
雪が降る

②
花は生き生きと咲き、
草は青々としげる。

第1時

使用する学習用語

連

矢のように
鳥たちが飛んでいく
北をめざして

第一連

太陽が目を閉じて
雨が降り
雪が降る

第二連

それでも前を向き
飛び続ける鳥たち

第三連

負けるな
負けるな
炎の心を持ち続けろ

第四連

体言止め

① 飛び続ける鳥たち

② 仁王立ちする鬼。

主な発問や指示（予想される子どもの反応）

［変化のある繰り返しで、十回音読させる］

指示1 一連を見てごらんなさい。時間はいつですか。漢字一字でノートに書いてごらんなさい。（朝）

指示2 それはどの言葉でわかりますか。その言葉に指を置いてごらんなさい。（すっかり明けきった）

発問1 この詩で見えている色は何ですか。ノートに書いてごらんなさい。（青、白（水色））

発問2 それぞれ何の色ですか。今書いた色の下に、漢字二字で書いてごらんなさい。（青－青空、白－半月）

発問3 強調されている言葉は何ですか。丸で囲んでごらんなさい。（半分だけのお月さま）

発問4 なぜその言葉が強調されているとわかるのですか。お隣の人に言ってごらんなさい。（体言止めだから）

発問5 「お月さま」の後に省略されている言葉は何ですか。ノートに書いてごらんなさい。（がある、など）

指示3 一連を絵にしてごらんなさい。（下図Ⓐ）

説明1 Ⓐのような月を「上弦の月」と言います。Ⓑのような月を「下弦の月」と言います。

留意点など

「明けきった」という語句がわからなそうならば、辞書で調べさせる。

「上弦の月」の写真を提示しても良い。

Ⓐ Ⓑ

ポイントは、①月の欠け方と向き、②線や色の薄さである。

使用する学習用語

対句

①
雨が降り
雪が降る

②
花は生き生きと咲き、
草は青々としげる。

主な発問や指示（予想される子どもの反応）

発問6 二連を見てごらんなさい。「もう半分」とは何のことですか。ノートに書いてごらんなさい。（上弦の月の半分、半月、下弦の月、など）

発問7 探しているのは誰ですか。思いつくだけ書いてごらんなさい。（上弦の月、話者、下弦の月、など）

［「もう半分をさがしてる〇〇」のように、出た意見を当てはめて全部読ませる］

発問8 それぞれ、どこで探していると考えられますか。「〜で」と書いてごらんなさい。

上弦の月……青空で（もう半分をさがしてる）
話者……地上で（もう半分をさがしてる）
下弦の月……青空ではない場所で、どこかで（もう半分をさがしてる）

発問9 題名『上弦の月』の上に言葉を付け足すとしたら、どんな言葉が入りますか。今日学習したことをもとに考えて、ノートに書いてごらんなさい。

（白い、朝の、半分の、下弦の月が探している、下弦の月が探している、ひとりぼっちの、など）

［発表させる。各自に詩を読ませ、授業を終える］

留意点など

「話者」や「下弦の月」などが出ない場合は、教師から伝える。
文末に「〇〇」と置くのは、一連も体言止めだからである。こうすることで、一連と二連の対比がはっきりする。

すべて発表させ、褒める。

詩

『かぼちゃのつるが』

作者　原田直友

●5年生／100ページ
●授業時期／9月上旬
●授業時数／1時間

【教材の特徴】

動詞の連用形を多用しており、「かぼちゃのつる」の成長する勢いが感じられる詩です。また、表現技法も、「リフレイン」「擬人法」「比喩」など、多く使われているのが特徴です。

授業では、「リフレイン」の意図や「比喩」から感じられるイメージを扱うと良いでしょう。また、「視点」を学習しているのであれば、詩中の視点の移動を検討させても良いかも知れません。その際は、視点は真上にあるのか真横にあるのか、解を二つに絞って討論させると盛り上がるでしょう。

【授業で使用する学習用語】

リフレイン

①
負けるな
負けるな

②
私は走り出す。
私は走り出す。

擬人法

①
太陽が目を閉じて

②
魚がおどる。

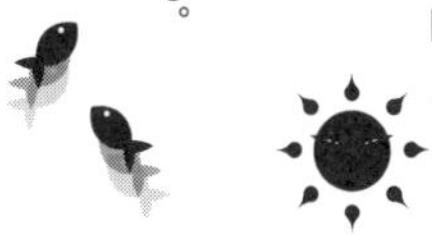

比喩

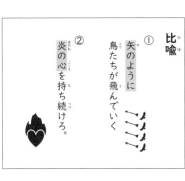

①
矢のように
鳥たちが飛んでいく

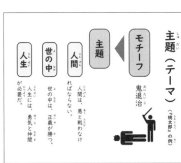

②
炎の心を持ち続けろ。

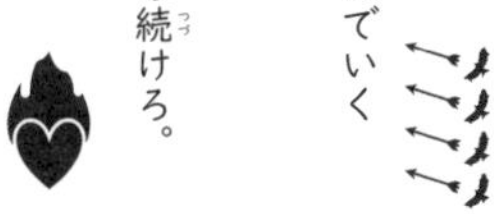

主題（テーマ）〈『桃太郎』の例〉

モチーフ
鬼退治

主題

人間
人間は、悪と戦わなければならない。

世の中
世の中は、正義が勝つ。

人生
人生には、勇気と仲間が必要だ。

第1時

使用する学習用語

リフレイン

①
負けるな
負けるな

②
私は走り出す。
私は走り出す。

擬人法

①
太陽が目を閉じて

②
魚がおどる。

主な発問や指示（予想される子どもの反応）

[変化のある繰り返しで、十回音読させる]

指示1 繰り返されている言葉は何ですか。丸で囲ってごらんなさい。（はい上がり、葉をひろげ）

説明1 文章中で同じ語句を繰り返して使用する表現技法を「リフレイン」と言います。繰り返して、強調しているのですね。

発問1 「はい上がり」「葉をひろげ」というリフレインで、何のどのような様子を表していますか。ノートに書いてごらんなさい。（かぼちゃのつるが、成長していく様子。かぼちゃの葉が、たくさんある様子。など）

発問2 この詩を三つに分けるとすると、どこで分けられますか。それぞれ最初の行を書いてごらんなさい。（細い先は、小さなその先端は）

[全体で確認したら、線を引かせて三つに分ける]

発問3 それぞれの部分を一つの動詞で表すと、どんな言葉になりますか。ノートに書いてごらんなさい。

（上がる、広がる／にぎる／開く、つかむ　など）

指示2 リフレイン以外に使われている表現技法は何ですか。ノートに書いてごらんなさい。（擬人法、比喩）

留意点など

上のイメージ図を提示し、①と②の文章を読ませる。

「時間の経過」や「複数」などを表している、ということがわかれば良い。

動詞を知らなければ、「動きを表す言葉」だと教える。「食べる」「座る」「飛ぶ」などとウ段で終わる言葉だとも教えると良い。

使用する学習用語

比喩

① 矢のように鳥たちが飛んでいく

② 炎の心を持ち続けろ。

主題（テーマ）〈『桃太郎』の例〉

モチーフ　鬼退治

主題

人間　人間は、悪と戦わなければならない。

世の中　世の中は、正義が勝つ。

人生　人生には、勇気と仲間が必要だ。

主な発問や指示（予想される子どもの反応）

発問4　次の二つはどう違いますか。お隣と相談してごらんなさい。

> ①赤子のような手を開いて
> ②赤子の手のように開いて

［発表させる。①は、かぼちゃのつるの先端が赤子のように小さい、若い、幼い、あどけない、というような意見が出るだろう］

発問5　「赤子のような手を開いて」はつまりどのような手ですか。「～手」と書いてごらんなさい。（小さい手、大きくなる手、未来のある手など）

指示3　この詩を簡単にすると、つまり何がどうだという内容なのですか。「～が、～話」という形で、ノートに書いてごらんなさい。（かぼちゃのつるが、空をつかもうとしている話。など）

> **発問6**　この詩の主題を考えます。「人間」「世の中」「人生」から始めて、一文で書いてごらんなさい。ただし、詩で使われている「かぼちゃ」や「はい上がり」や「空」などの言葉は使ってはいけません。

［「人生とは、上へ上へと成長していくものだ」などが出るだろう。全員に発表させて、授業を終える］

留意点など

物語文の学習で主題を扱っていない場合は、上のイメージ図を使って、主題とは何か、どう書くかを説明する。

内容が大きく外れていなければ、どの意見も認めたい。

詩『準備』

作者　高階杞一

●6年生／20ページ
●授業時期／4月上旬
●授業時数／1時間

〔教材の特徴〕

抽象的な詩です。たとえば、どこに「飛び立っていく」のか、あるいは「雲の悲しみ」とは何か、具体的に書かれていません。したがって、詩中の語句や構成をもとに、イメージを広げさせることが大切です。

授業プランにある指示1から指示9までは、リズムとテンポよく進むと良いでしょう。

なお、教科書通りに進むなら、四月に学習する詩ですが、卒業や中学校への入学を強く意識する年度末に授業するのも一つの手です。

〔授業で使用する学習用語〕

倒置法

①
鳥たちが飛んでいく
北を目指して
鳥たちが飛んでいく

②
ぼくにはわからない。
君の考えが。
ぼくにはわからない。

対句

①
雨が降り
雪が降る

②
花は生き生きと咲き、
草は青々としげる。

第1時

使用する学習用語	主な発問や指示（予想される子どもの反応）	留意点など
倒置法 ① 鳥たちが飛んでいく 北を目指して 鳥たちが飛んでいく ② ぼくにはわからない。 君の考えが。 ぼくにはわからない。	［変化のある繰り返しで、十回音読させる］ **指示1**　1行目の上に①と書いてごらんなさい。2行目にも②と書きます。同じようにして、すべての行の上に番号を書いてごらんなさい。 **指示2**　一連。①、②、③の行を並び替えて、通常の順番にします。どの順番になるか、ノートに書いてごらんなさい。（①③②） **説明1**　このように、文や言葉の順番を、通常とは逆にする表現技法を、倒置法と言います。 **指示3**　二連も同じように行を並び替えてごらんなさい。（④⑥⑤）	⑰まで書いたか確認する。 通常の順番をわかりやすくするため、たとえば3行目が2行目の前に入るように、矢印を書かせて可視化しても良い。
対句 ① 雨が降り 雪が降る 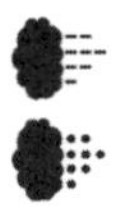 ② 花は生き生きと咲き、 草は青々としげる。 	**指示4**　三連も同じようにしてごらんなさい。（⑪⑫⑨⑦⑧⑩） **指示5**　四連もしてごらんなさい。（できない） **指示6**　特殊なのは何連ですか。（四連） **指示7**　対句があります。どこですか。指を置いてごらんなさい。（一連と二連の「～いるのではない」「～いるのだ」、四連の「～ことにより」「～わかる」） **指示8**　特殊なのは何連ですか。（三連） **指示9**　③「飛び立っていく」とあります。何が飛び立っていくのですか。詩の中から見つけて、丸で囲んでごらんなさい。（こどもたち）	指示5まで、それぞれ解を確認する。

使用する学習用語

対句

① 雨が降り
　雪が降る

② 花は生き生きと咲き、
　草は青々としげる。

主な発問や指示（予想される子どもの反応）

発問1 ⑨。何のこどもたちだと思いますか。近くの人と相談してごらんなさい。（鳥、など）

発問2 「こどもたち」は同じ場所に帰って来ますか。近くの人と相談してごらんなさい。（帰って来ない。「飛ぶ」ではなく、「飛び立っていく」と書いてあるから）

発問3 ⑰。「雲の悲しみ」とは、どんな悲しみだと思いますか。「～悲しみ」とノートに書いてごらんなさい。

（留まることができない悲しみ。引き裂かれる悲しみ。一人でいる悲しみ、など）

発問4 題名は『準備』です。何への準備だと言えそうですか。「～準備」という形で、思いつくだけノートに書いてごらんなさい。

（飛び立っていく準備、おそれない準備、出発する準備、雲の悲しみがわかる準備、勇気を出す準備、など）

発問5 最高学年として、下学年にメッセージを送るとします。次の四角を埋めてごらんなさい。

□ことにより初めて□がわかるよ。

留意点など

詩中には具体的に書かれていないので、大きく外れていなければすべて認める。

発問4で授業を終えても良い。

三学期なら、発問5に進んでも良いだろう。

俳句

七夕や心もとなき朝ぐもり

▼俳人　高橋淡路女

●4年生／103ページ
●授業時期／10月中旬
●授業時数／1時間

〔教材の特徴〕

四年生にとって内容がわかりやすい俳句です。ただし、知らない語句もあるはずなので、調べさせたり、確認したり、説明したりすると良いでしょう。なお、季語は「七夕」（初秋）と「朝ぐもり（朝曇）」（晩夏）という季違いになっていますが、七夕が主となる季語で、季節は秋と考えるべきです。

本授業プランでは、季語や切れ字などの学習用語はすでに学習済みと設定しています。それらを初めて扱う場合は、それぞれのイメージ図を提示しつつ、定義を教えることが必要になります。

〔授業で使用する学習用語〕

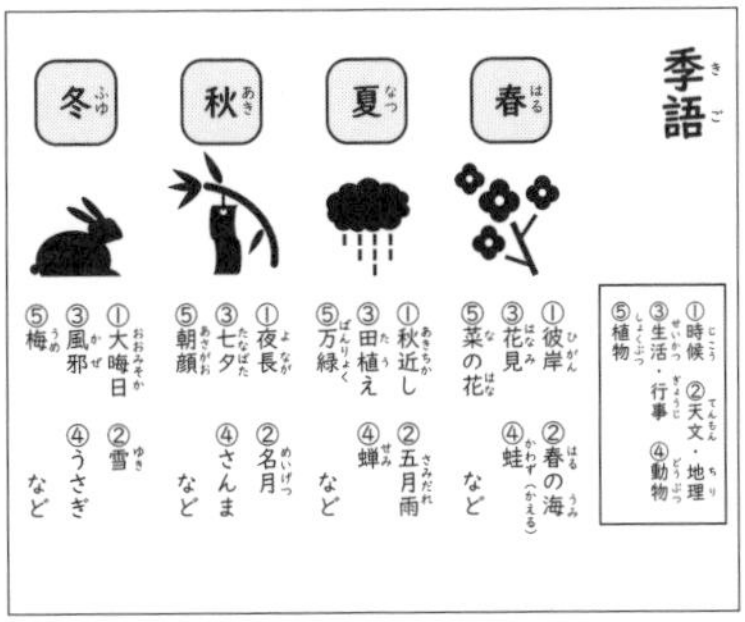

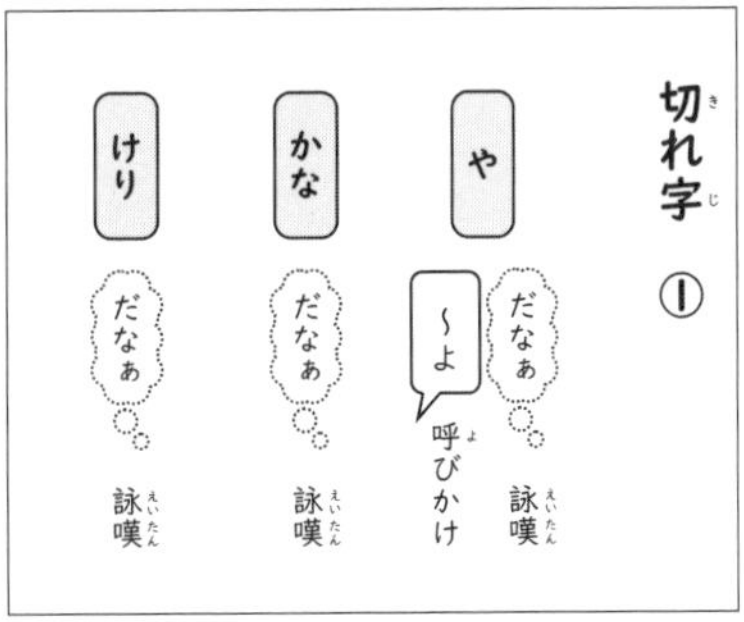

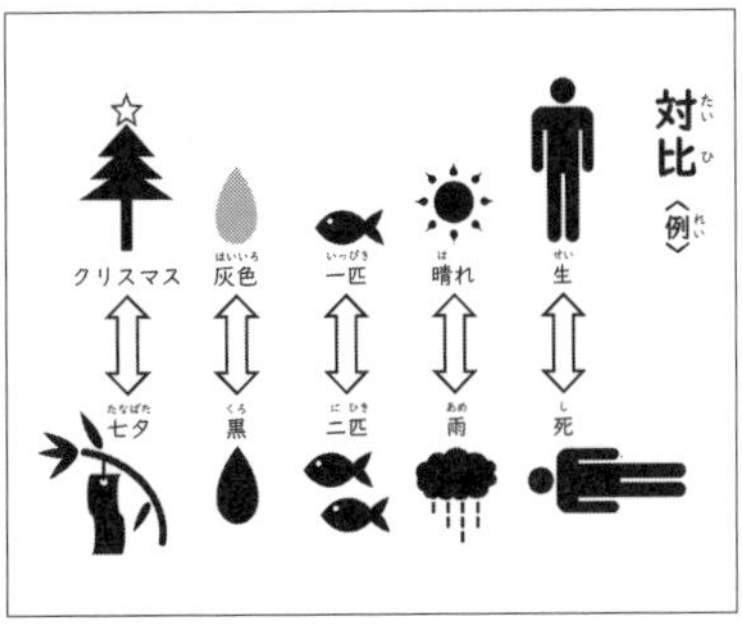

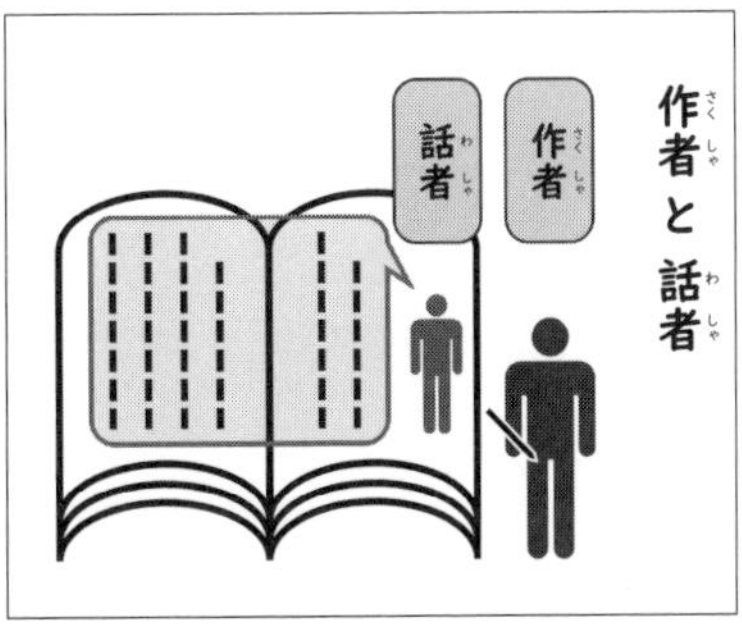

第1時

使用する学習用語

季語

①時候 ②天文・地理
③生活・行事 ④動物
⑤植物

春

①彼岸 ②春の海
③花見 ④蛙（かえる）
⑤菜の花 など

夏

①秋近し ②五月雨
③田植え ④蝉
⑤万緑 など

秋

①夜長 ②名月
③七夕 ④さんま
⑤朝顔 など

冬

①大晦日 ②雪
③風邪 ④うさぎ
⑤梅 など

切れ字 ①

や だなぁ 詠嘆　～よ 呼びかけ

かな だなぁ 詠嘆

けり だなぁ 詠嘆

主な発問や指示（予想される子どもの反応）

［各自に音読させる。四、五人を立たせ、読ませる。それぞれ区切り方に違いがある子を取り上げ、再度読ませる］

指示1　自分の読み方に近いのは誰でしたか。

［挙手で確認する。「や」で区切った子に理由を聞く］

発問1　季語は何ですか。丸で囲んでごらんなさい。（七夕、朝ぐもり）

発問2　季節は何ですか。ノートに書いてごらんなさい。（秋、夏）

説明1　この俳句の場合、季語は七夕で季節は秋です。朝ぐもりは、様子を表す言葉として使っているのです。

発問3　強調されている言葉は何ですか。赤で囲ってごらんなさい。（七夕、朝ぐもり）

発問4　その理由は何ですか。（切れ字、体言止め）

発問5　時間はいつですか。（朝）

発問6　天気はどうですか。（くもり）

指示2　「七夕」「心もとなし」「朝ぐもり」の意味を、それぞれ辞書などで調べてごらんなさい。

［七夕…………七月七日に行われる年中行事、またその日。
心もとなし…じれったい。不安で落ち着かない。
朝ぐもり……明け方から朝にかけてのくもり］

留意点など

「七夕や」で区切る子や、全く区切らない子などがいるだろう。「や」が切れ字であり、切れを生むことには触れておきたい。

知っている意味や予想を言わせてから調べさせても良い。

織姫と彦星の話も簡単に語る。

使用する学習用語	主な発問や指示（予想される子どもの反応）	留意点など
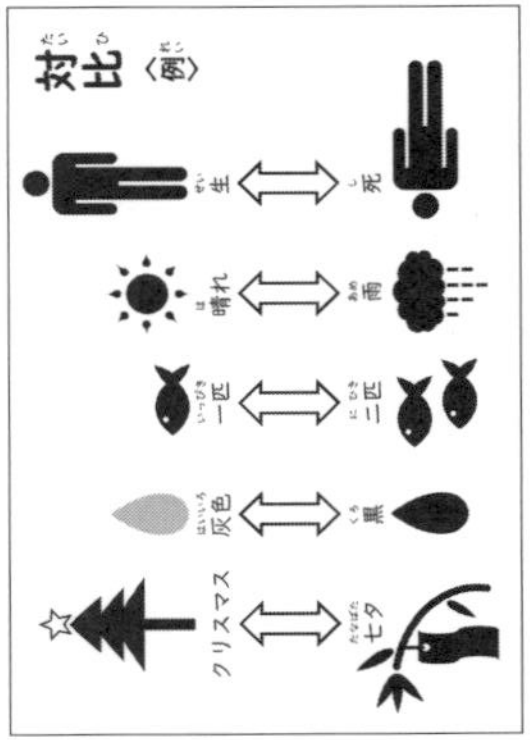 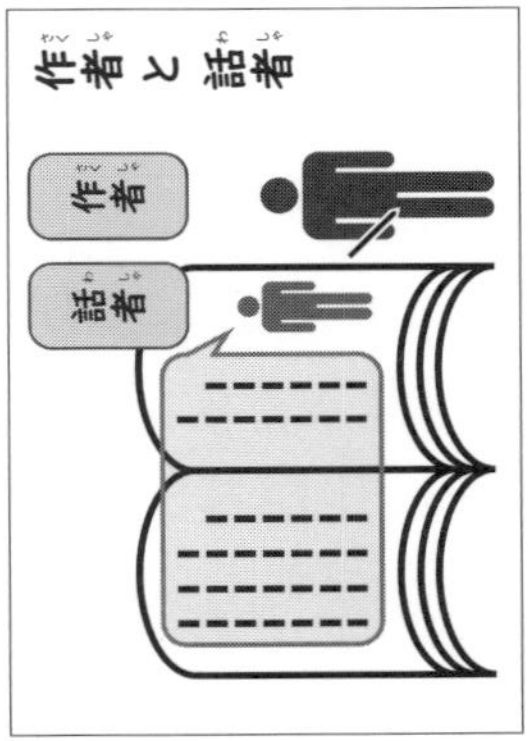	**発問7**　話者に見えているものは何ですか。すべて書いてごらんなさい。（空、雲、くもり空、など） **発問8**　対比されているものは何ですか。思いつくだけ書いてごらんなさい。（七夕⟷朝ぐもり、夜（今夜）⟷朝、晴れ⟷くもり、楽しみ⟷心もとない、など） **発問9**　心もとない、不安で落ち着かないのは誰ですか。思いつくだけ書いてごらんなさい。 ［話者、子、親、織姫、彦星、などが出るだろう。もし出なければ、教師から提示する］ **発問10**　この句の「七夕」は、七夕祭りなどの行事と、七月七日のどちらを指していると思いますか。「行事」または「七月七日」と書いてごらんなさい。 **発問11**　その場合「心もとない」のは誰だと言えますか。理由もノートに書いてごらんなさい。 ［発表させる。どんな意見でも良い。心もとないのは織姫や彦星などで、一年でこの日しか会えないから、という意見も出るだろう］ **発問12**　この句の現代語訳を書いてごらんなさい。 ［現代語訳が、その子自身の解釈となる。発表させて、授業を終える］	詩中にない言葉も認める。 現代語訳とは何かを知らなければ、現在の言葉に直すことと教える。

俳句

日本の空の長さや鯉のぼり

▼俳人　落合水尾

- ●5年生／68ページ
- ●授業時期／6月中旬
- ●授業時数／1時間

〔教材の特徴〕

落合水尾の代表的な俳句です。個性的な表現の中にも風情が感じられます。言葉の使い方一つで趣ががらりと変わることがわかるという、良いお手本のような句と言えます。

授業では、ユニークな表現に着目させると良いでしょう。また、話者の感動の中心は何かを問うと良いでしょう。感動の中心は「日本の空の長さ」なのか、「鯉のぼり」なのか、選択肢を限定することで、討論に展開することもできます。

〔授業で使用する学習用語〕

季語

①時候　②天文・地理
③生活・行事　④動物
⑤植物

春

①彼岸　②春の海
③花見　④蛙
⑤菜の花　など

夏

①秋近し　②五月雨
③田植え　④蝉
⑤万緑　など

秋

①夜長　②名月
③七夕　④さんま
⑤朝顔　など

冬

①大晦日　②雪
③風邪　④うさぎ
⑤梅　など

切れ字①

や　だなぁ　詠嘆
　　〜よ　呼びかけ
かな　だなぁ　詠嘆
けり　だなぁ　詠嘆

強調（感動の中心）

古池や
蛙飛びこむ
水の音

切れ字で強調
体言止めで強調

草山に
馬放ちけり
秋の空

切れ字で強調
体言止めで強調

雪とけて
村いっぱいの
子どもかな

切れ字で強調

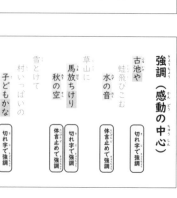

第1時

使用する学習用語

季語

①時候　②天文・地理　③生活・行事　④動物　⑤植物

春

①彼岸　②春の海　③花見　④蛙（かえる）　⑤菜の花　など

夏

①秋近し　②五月雨　③田植え　④蝉　⑤万緑　など

秋

①夜長　②名月　③七夕　④さんま　⑤朝顔　など

冬

①大晦日　②雪　③風邪　④うさぎ　⑤梅　など

切れ字　①

や　だなぁ　詠嘆　～よ　呼びかけ

かな　だなぁ　詠嘆

けり　だなぁ　詠嘆

主な発問や指示（予想される子どもの反応）

［各自に音読させる］

発問1　季語は何ですか。ノートに書いてごらんなさい。（鯉のぼり）

発問2　季節は何ですか。季語の下に書いてごらんなさい。（夏、初夏）

発問3　強調されている言葉は何ですか。丸で囲んでごらんなさい。（日本の空の）長さ、鯉のぼり）

発問4　強調されているとわかる理由は何ですか。お隣と言い合ってごらんなさい。（切れ字、体言止め）

発問5　この句の中に、普通ではない、ユニークな表現が二つあります。それは何と何ですか。ノートに書いてごらんなさい。（日本の、長さ）

発問6　普通なら、この二つをそれぞれどう表現しそうですか。予想して句を変えてごらんなさい。

［書けたらノートを持って来させて丸をつける。黒板に書かせる。「晴れた日の空の広さや鯉のぼり」などが出るだろう。黒板に出た句を一つ、代表として選ぶ］

発問7　二つの句を比べて、わかったこと、気付いたこと、思ったことを、できるだけたくさん箇条書きしてごらんなさい。ただし、出だしは「元の俳句は」から始めてごらんなさい。

留意点など

「長さ」はすぐに出るだろう。「日本の」が出ない場合、「一見すると当たり前の言葉だが、よく考えると普通は使わない、いらない言葉だ」とヒントを与えると良い。

二つの句とは、元になる落合水尾の句と、子どもが板書した中から選んだ代表の句である。

使用する学習用語	主な発問や指示（予想される子どもの反応）	留意点など
強調（感動の中心） **古池や**　蛙飛びこむ　**水の音** （古池や：切れ字で強調／水の音：体言止めで強調） 草山に　**馬放ちけり**　**秋の空** （馬放ちけり：切れ字で強調／秋の空：体言止めで強調） 雪とけて　村いっぱいの　**子どもかな** （子どもかな：切れ字で強調）	［発表させる。次のような意見が出るだろう］ ①元の俳句は、視点が横に移動している。 ②元の俳句は、日本の良さを表現している。 ③元の俳句は、鯉のぼりという日本の文化にほこりを持っているように感じられる。 **発問8**　句の中で風は吹いていますか。（吹いている） **発問9**　句の中で天気はどうですか。（晴れ） **発問10**　鯉のぼりの色は何色だと思いますか。予想してノートに書いてごらんなさい。 **発問11**　鯉のぼりは一つでしょうか、複数でしょうか。予想してノートに書いてごらんなさい。 ［発問10と発問11は、まとめて意見を言わせる］ **発問12**　話者の感動の中心は、「日本の空の長さ」と「鯉のぼり」のどちらだと思いますか。一つ選んで、理由もノートに書いてごらんなさい。 ［意見が分かれるだろう。どちらだと思うか挙手で確認し、人数が少ない方から意見を言わせて討論させる］ **発問13**　自分の最終意見はどちらですか。ノートに書いてごらんなさい。 ［一度も意見を言ってない子にノートを読ませ、授業を終える］	発問8と発問9は、挙手で確認する。それぞれ一人を指名し、理由を言わせる。 発問10と発問11は、イメージを問うている。解は決まっていない。自由に意見を言わせたい。

第Ⅱ部

学習用語とイメージ図

授業の指導用語

題名と筆者と本文

題名とは、説明文や物語文などの名前のことです。タイトルとも言います。筆者とは、説明文を書いた人のことです。本文とは、説明文や物語文などの、主となる文章部分のことです。

説明文の題名は、次の三つに分類されると言われています。①話題、②筆者の主張、③問いかけ、です。③はほとんどなく、①は低学年、②は高学年に多いです。

【発問や指示などの例】 読む学習の場合

『アップとルーズで考える』

発問1 この題名は、三つの分類のうち、どれに当てはまると思いますか。本文を読まずに予想してごらんなさい。

（筆者の主張）

指示1 題名の下に言葉を付け足すとします。何が入るか予想して、今の題名とともに、ノートに書いてごらんなさい。

（アップとルーズで考えることが必要だ）

参考文献：椿原流　図解で早わかり国語授業1　説明文読解の授業（椿原正和／学芸みらい社）

作者と筆者

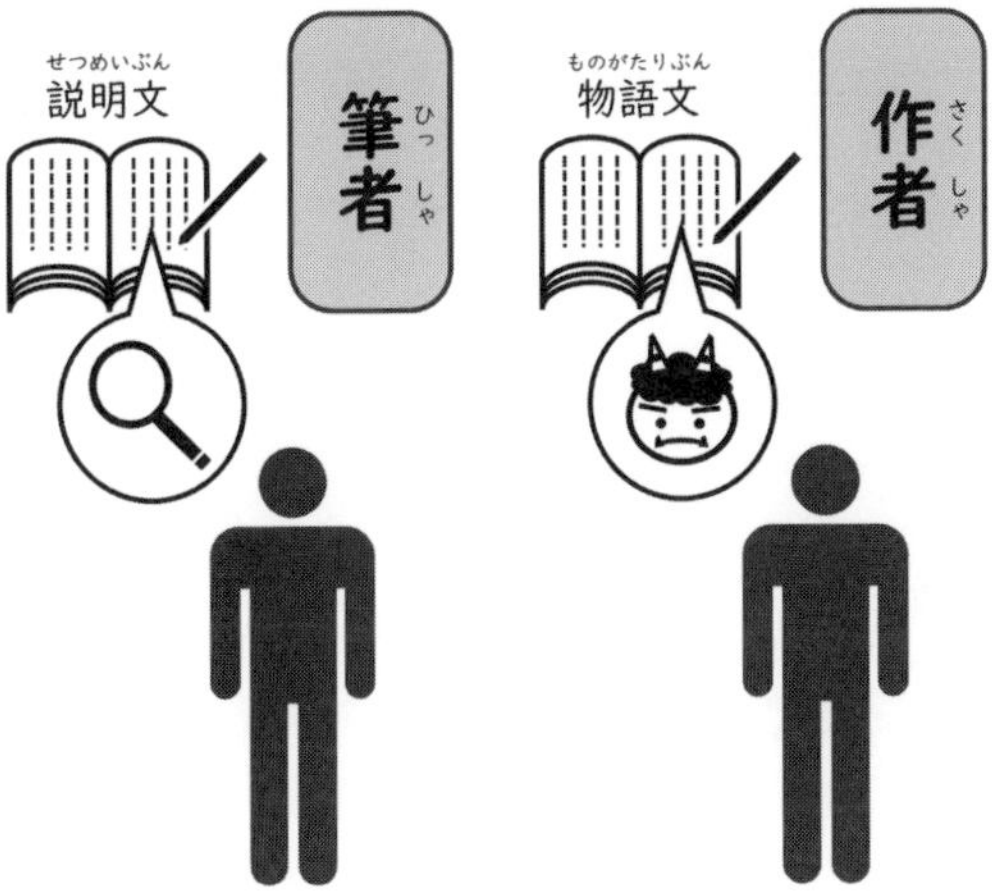

作者とは、物語文や詩などを書いた人のことです。広義では、文章だけでなく、芸術作品を作った人のことを指します。筆者とは、説明文を書いた人のことです。

物語文では、作者だけでなく、訳者がいる作品があります。低学年には、「訳者とは、外国語で書かれたお話を、日本語に直した人のことです」と説明すると良いでしょう。

【発問や指示などの例】 読む学習の場合

『スイミー』

指示1 このお話の作者は誰ですか。その人の名前に指を置いてごらんなさい。（レオ＝レオニ）

指示2 このお話を、日本語にした人は誰ですか。名前に指を置いてごらんなさい。（谷川俊太郎）

説明1 外国語で書かれたお話を日本語に直した人のことを訳者と言います。谷川俊太郎さんは、訳者です。

参考文献：子どもが論理的に考える！〝楽しい国語〟授業の法則（向山洋一／学芸みらい社）

説明文
物語文
詩
俳句
テスト

句点と読点

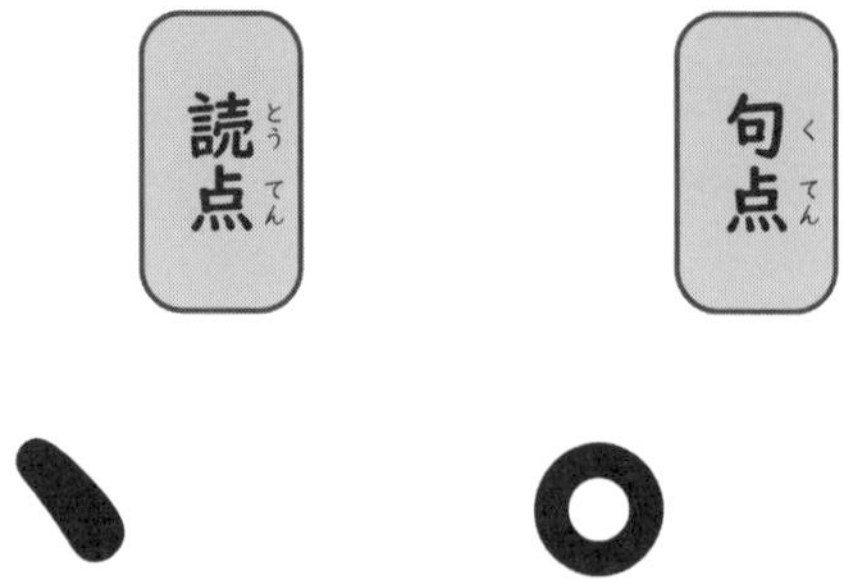

句点とは、文の終わりに打つマル（。）の記号のことです。読点とは、文の途中に打つテン（、）の記号のことです。句点と読点を合わせて句読点と言います。

句点は、原則的に文末に打ちますが、俳句や短歌などには打ちません。詩にもほとんど打ちません。読点も同様です。また、読点は、意味と音調の二つの面から判断して打つと良いと言われています。

【発問や指示などの例】 **書く学習の場合**

［「黒い目のきれいな女の子」と板書して］

指示1 この文に句点を打ってごらんなさい。

（黒い目のきれいな女の子。）

指示2 読点を一つ打ってごらんなさい。

［複数ある。発表させ、板書する］

指示3 発表された文の中から一つ選び、それを簡単な絵にしてごらんなさい。

参考文献：「向山型国語」で力をつける〈第2巻〉子どもの発言だけで授業を組織する（伴一孝／明治図書）、日本語教室（井上ひさし／新潮新書）

文と文章

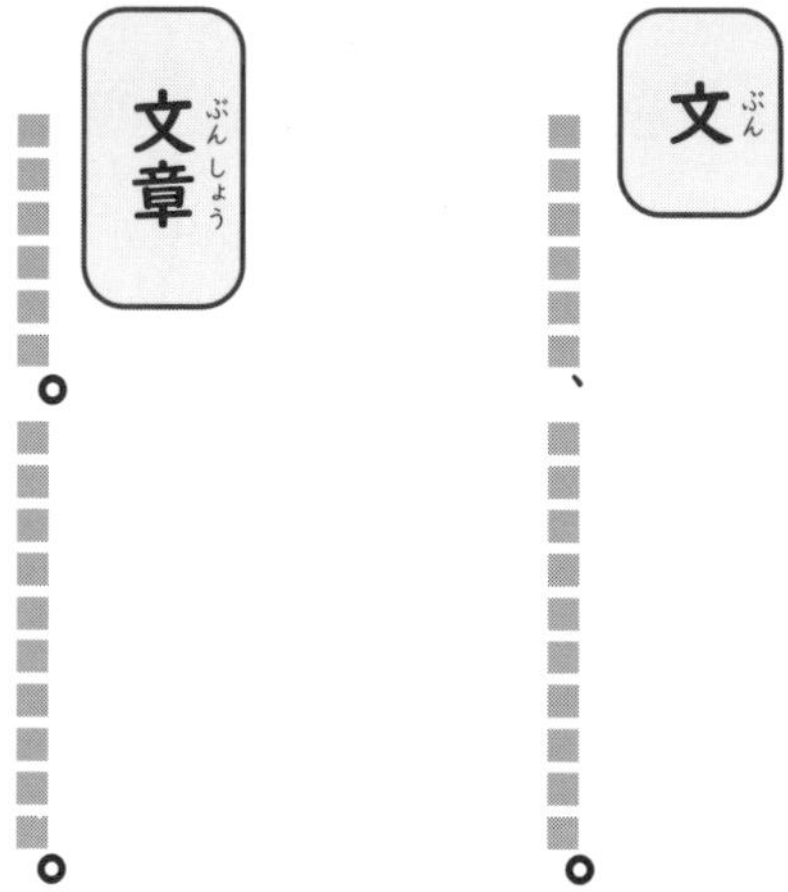

文とは、句点までの言葉のことです。一文、二文、と数えます。文章とは、二文以上の集まりのことです。句点の数を数えれば、何文の文章かがわかります。

一文で一つの情報だけを伝える「一文一義」が基本です。作文させる際は、「一文を短くしなさい。句点一つを五百円玉だと思って、なるべく多く稼ぎなさい」と指示すると良いです。

【発問や指示などの例】 **書く学習の場合**

『ごんぎつね』「二、三日雨がふり続いたその間、……」の文

発問1　これは、何文ですか。（一文）

指示1　この文は長くて、情報量が多いです。二文に書き直してごらんなさい。
（二、三日雨がふり続きました。その間、……）

参考文献：子どもが論理的に考える！〝楽しい国語〟授業の法則（向山洋一／学芸みらい社）、私の作文教育（宇佐美寛／さくら社）

常体と敬体

常体（じょうたい）

■■■■■■、■■■■■■■■■■だ。
■■■■■■である。■■■■■■■■■
■だった。■■■■■■、■■■■■■■
■だろう。

敬体（けいたい）

■■■■■■、■■■■■■■■です。
■■■■■■■ます。■■■■■■■■■
■でした。■■■■■■、■■■■■■■
■でしょう。

常体とは、文末を「だ」「である」などで終える文章のことです。力強い表現になります。敬体とは、文末を「です」「ます」などで終える文章のことです。丁寧な表現になります。

文章は、常体と敬体のどちらかで統一するのが基本です。ただし、地の文が常体で、会話文が敬体という文章はあり得ます。授業では、自分の作文の文末だけ推敲させるのも良い方法です。

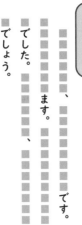

【発問や指示などの例】　書く学習の場合

［「今日は雨が降った。だから教室で遊びました。」という文章を提示して］

指示1　この文章は、常体と敬体が混ざっています。正しく書き直してごらんなさい。
（「今日は雨が降りました。だから教室で遊びました。」「今日は雨が降った。だから教室で遊んだ。」）

指示2　昨日書いた日記を見てごらんなさい。常体と敬体のどちらかで統一されているか、確認してごらんなさい。

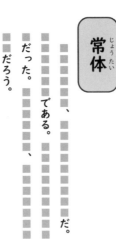

参考文献：子どもが論理的に考える！〝楽しい国語〟授業の法則（向山洋一／学芸みらい社）

段落（形式段落）

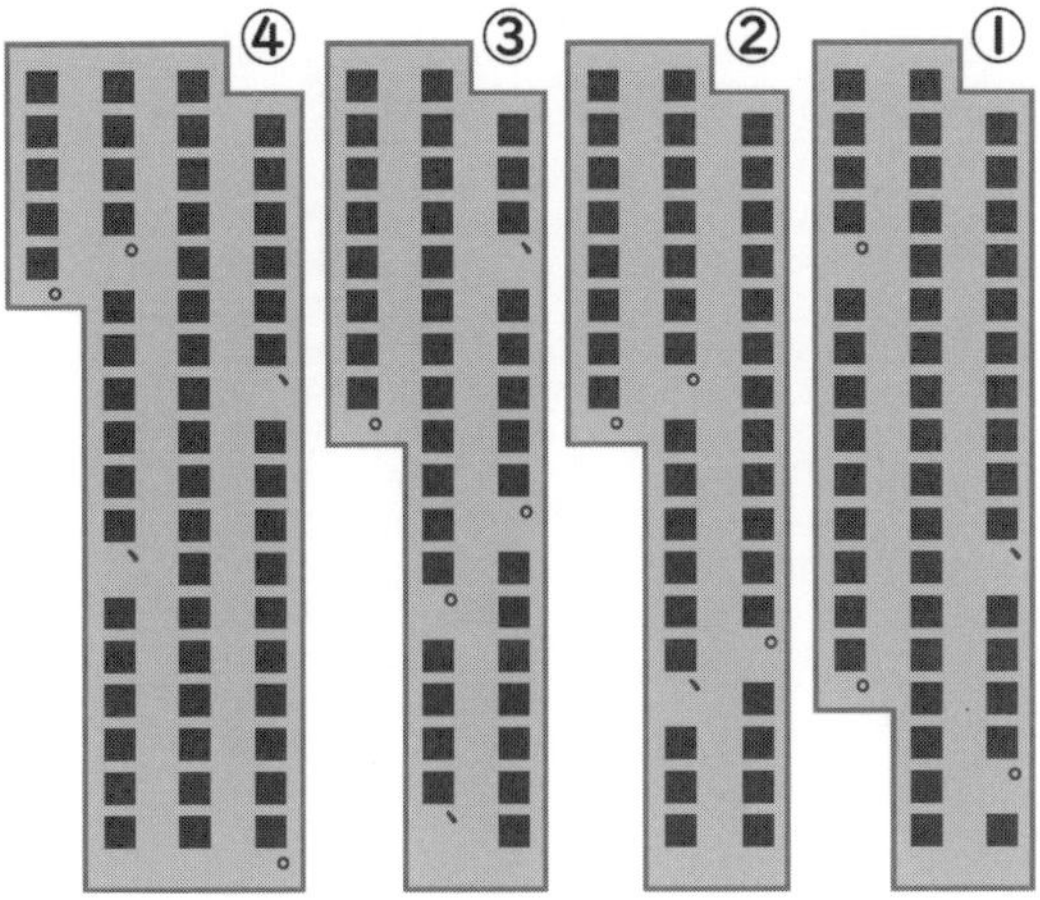

段落とは、いくつかの文のまとまりのことです。形式段落とも言います。段落の始まりは一字下げて書かれます。また、同じ内容のいくつかの段落のまとまりを、意味段落と言います。

授業では、一字下げで書かれている文頭を探させ、①、②、などと段落番号を書かせます。その際、一字下げ部分よりやや上に書かせると、視覚的に段落がわかりやすくなります。

【発問や指示などの例】読む学習の場合

[説明文の最初のページを開けさせて]

発問1　段落は、どう見つけるのでしたか。

（一字下げのところを見つける）

指示1　まずはこのページだけで、段落番号を書いてごらんなさい。

[書かせる]

発問2　何段落までありましたか。（三段落）

指示2　次のページもやってごらんなさい。

参考文献：子どもが論理的に考える！“楽しい国語”授業の法則（向山洋一／学芸みらい社）、椿原流　図解で早わかり国語授業1　説明文読解の授業（椿原正和／学芸みらい社）

問いの段落　問いの文　問いの言葉

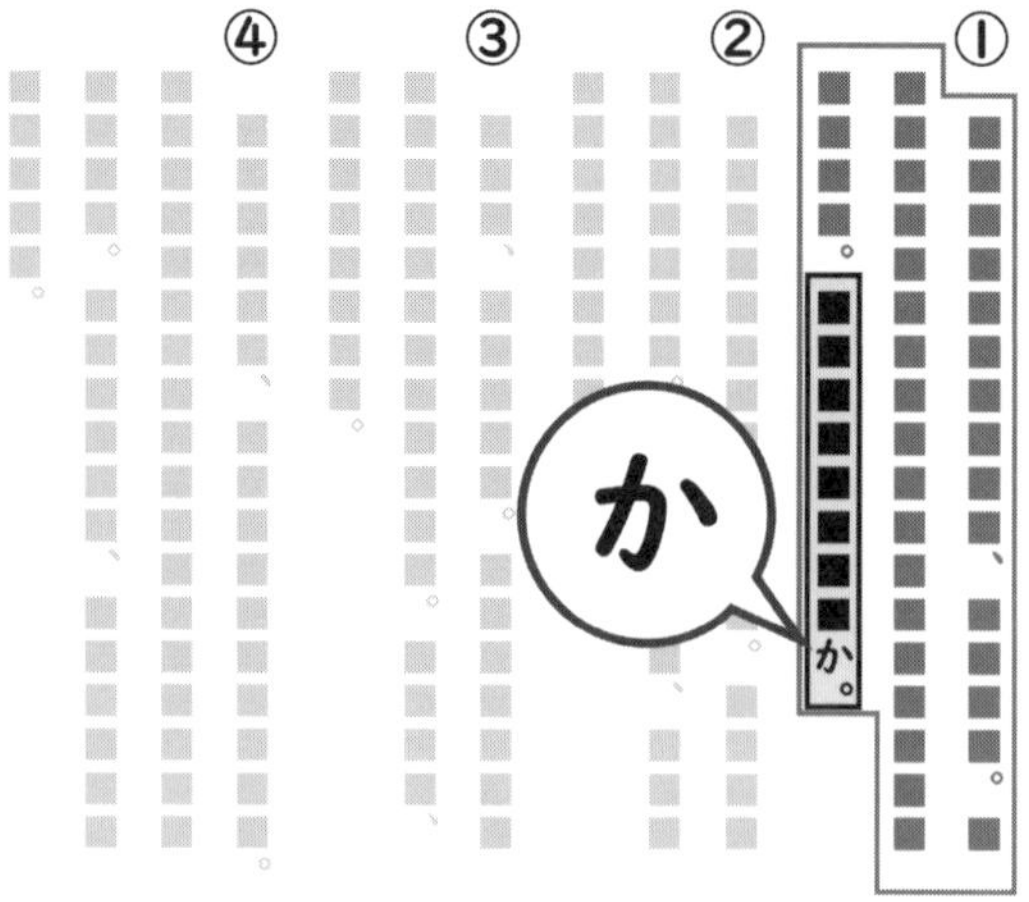

問いの段落とは、問いの文がある段落のことです。問いの文とは、問いの言葉がある疑問文のことです。通常、文末は「〜でしょうか。」です。問いの言葉とは、「か」のことです。

説明文の基本的な構造は、問いと答えです。しかし、問いと答えが明確に書かれていない説明文もあります。また、問いの言葉「か」がない場合には、文をリライトさせると良いです。

【発問や指示などの例】 読む学習の場合

［『アップとルーズで伝える』三段落が問いの段落と押さえてから］

指示1 問いの文に、指を置いてごらんなさい。（『アップとルーズでは、どんなちがいがあるのでしょう。』）

指示2 問いの言葉がありません。付け足して、ノートに書いてごらんなさい。

［ノートに書いた文を読ませる。教科書の本文にも「か」を書き込ませる］

参考文献：子どもが論理的に考える！〝楽しい国語〟授業の法則（向山洋一／学芸みらい社）、椿原流　図解で早わかり国語授業1　説明文読解の授業（椿原正和／学芸みらい社）

答えの段落　答えの文

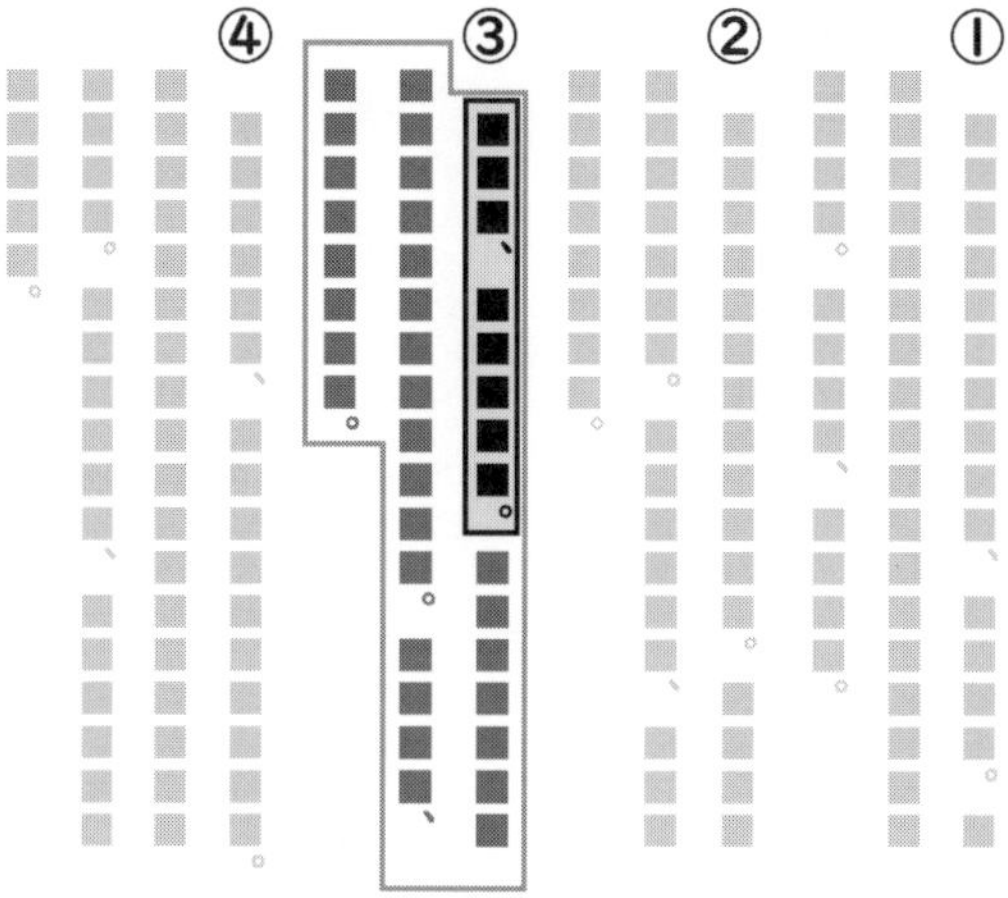

答えの段落とは、答えの文がある段落のことです。答えの文とは、問いの文に対する答えのある文のことです。答えの文は、問いの文に正対して書かれるのが原則です。

たとえば、問いの文が「～は、どんな形でしょうか。」なら、答えの文は「～は、〇〇の形です。」とならなければなりません。なっていない場合は、リライトさせることが必要です。

【発問や指示などの例】 書く学習の場合

［『アップとルーズで伝える』答えの段落が六段落と押さえてから］

発問1　答えの文はどれですか。（一文目）

指示1　問いの文は「どんなちがいがあるのでしょう。」です。答えの文が問いの文に合っていません。「～ちがいがあります。」とノートに書き直してごらんなさい。

参考文献：子どもが論理的に考える！〝楽しい国語〟授業の法則（向山洋一／学芸みらい社）、椿原流　図解で早わかり国語授業1　説明文読解の授業（椿原正和／学芸みらい社）

文章構成

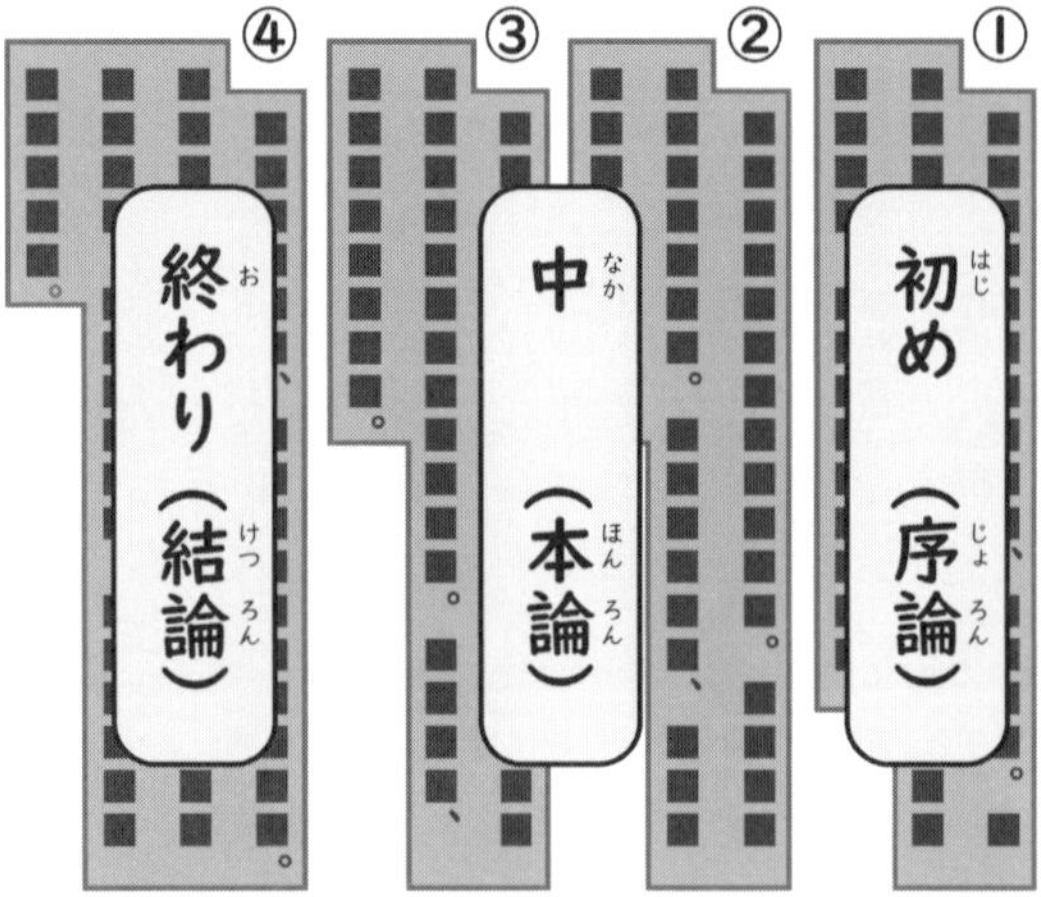

文章構成とは、説明文が成り立つ内容の組み合わせのことです。内容とは、問題提起、話題の提示、筆者の主張、事例、説明、まとめ、結論などです。基本は「初め、中、終わり」の三構成です。

低学年の説明文には、「終わり」がない文章もあります。高学年には「序論、本論、結論」と教える場合もあります。また、高学年では、「中」を、意味段落に分ける学習が大切です。

【発問や指示などの例】 読む学習の場合

『笑うから楽しい』

指示1 この説明文を、「序論、本論、結論」に分けてごらんなさい。
（一段落が序論、二・三段落が本論、四段落が結論）

指示2 序論、本論、結論に、それぞれ十五字以内で題名をつけてごらんなさい。

［序論の題名の例「体の動きと心の動きの関係」（十二字）］

参考文献：椿原流 図解で早わかり国語授業1 説明文読解の授業（椿原正和／学芸みらい社）、国語テストの〝答え方〟指導 ～基本パターン学習で成績UP～（遠藤真理子／学芸みらい社）

文章構造図

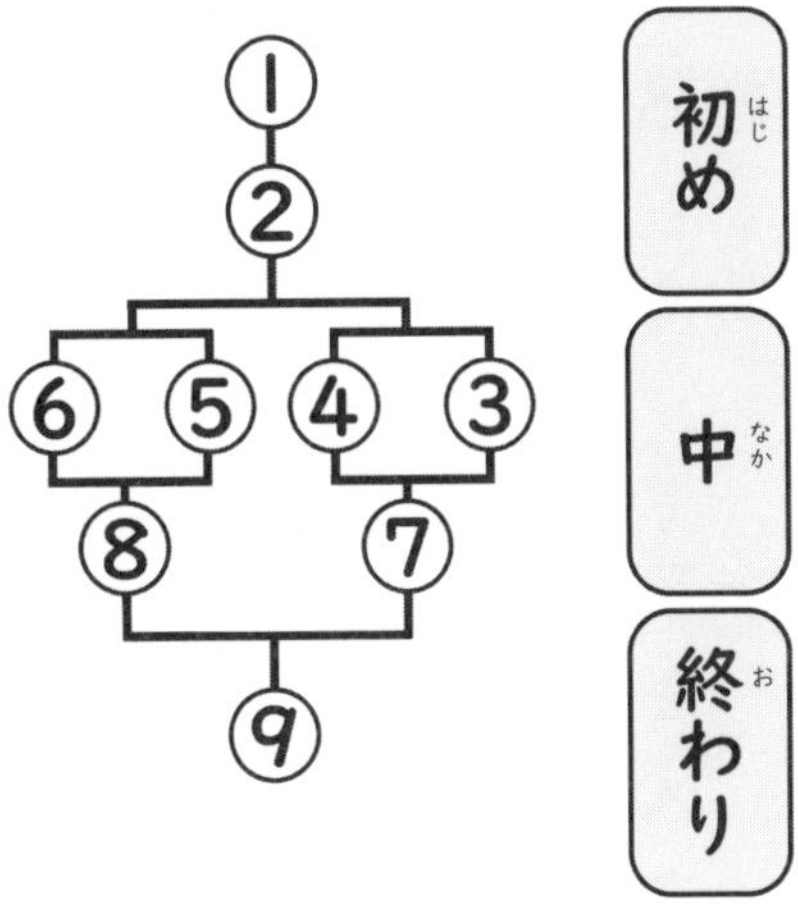

文章構造図とは、段落同士の関係を表した図のことです。文章構成図とも言います。この図は、意味段落を把握した上で描きます。なお、文章構造図と文章構成は、似て非なるものです。

「初め、中、終わり」それぞれの中で、段落同士がどう関係しているかを図に表します。その際、順序や原因・結果などの「順列」なら縦に、例示の列挙などの「並列」なら横に描きます。

〔発問や指示などの例〕 **読む学習の場合**

『笑うから楽しい』

指示1　この説明文の文章構造図を描きます。まず、次のように描いてごらんなさい。

指示2　二段落と三段落は、縦と横どちらで描きますか。お隣と相談してごらんなさい。

〔発表させる。「横に描く」という意見が多いだろう。理由も言わせ、「実験」や「血液温度」などの具体例に関係する語句を根拠にした子を褒める〕

参考文献：・椿原流　図解で早わかり国語授業1　説明文読解の授業（椿原正和／学芸みらい社）、新 国語授業を変える「用語」（白石範孝／文溪堂）

トピック・センテンス

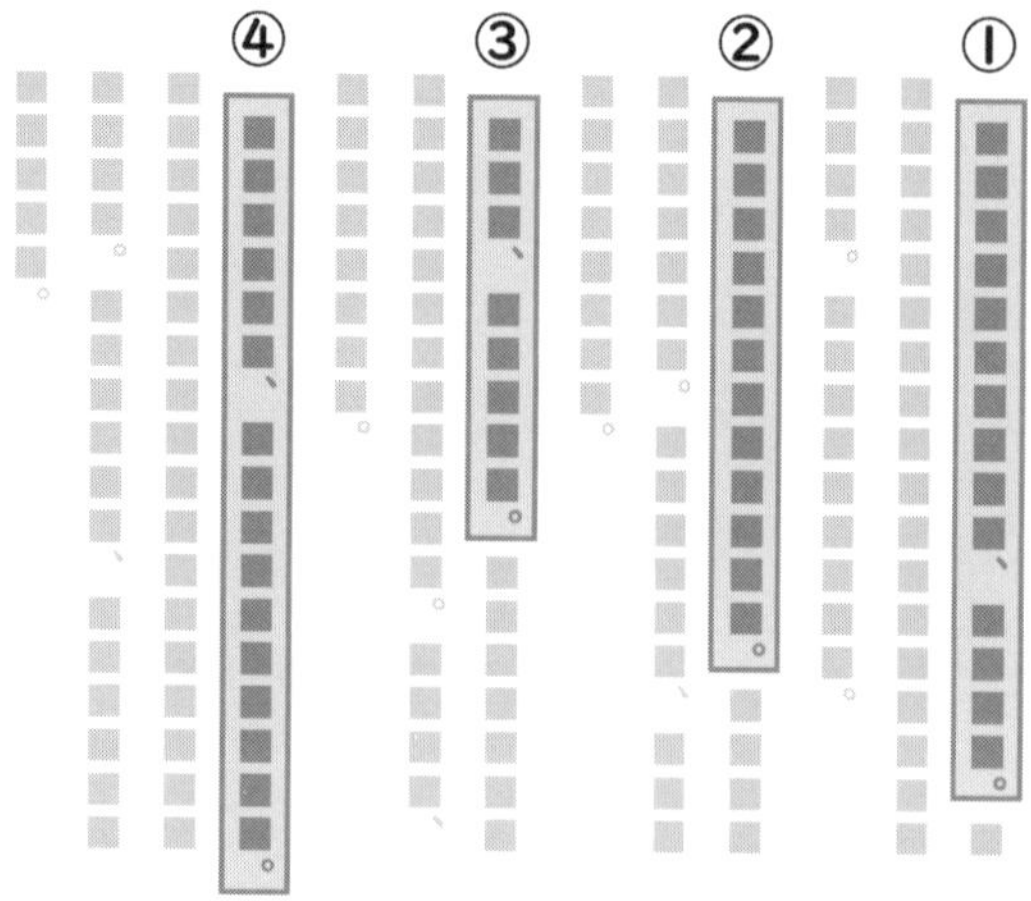

トピック・センテンスとは、段落の内容を表している重要な一文のことです。通常、段落の最初に置かれます。トピック・センテンスだけを読めば、その文章の概要が理解できます。

トピック・センテンスが段落の最初に置かれていない場合もあります。その場合、段落中でのトピック・センテンスを検討させ、不要な言葉を除くなどリライトさせると良いです。

【発問や指示などの例】 読む学習の場合

［『思いやりのデザイン』全段落の一文目だけを掲示し、音読させて］

指示1 つながりが悪い段落が一つあります。どの何段落ですか。お隣と相談してごらんなさい。（一段落）

指示2 一段落は、どの文がトピック・センテンスですか。指を置いてごらんなさい。（二文目）

指示3 文頭の「それらのように、」を線で消してごらんなさい。

参考文献：椿原流 図解で早わかり国語授業1 説明文読解の授業（椿原正和／学芸みらい社）、理科系の作文技術（木下是雄／中公新書）

説明の型

頭括型（とうかつがた）
筆者の主張／事例など／事例など／事例など

双括型（そうかつがた）
筆者の主張／事例など／事例など／筆者の主張

尾括型（びかつがた）
事例など／事例など／事例など／筆者の主張

説明の型とは、筆者の主張をもとにした文章構成のことです。筆者の主張が、初めにある「頭括型」、初めと終わりにある「双括型」、終わりにある「尾括型」などがあります。

双括型は、初めよりも終わりにある筆者の主張の方が、より詳しい内容になっているのが特徴です。また、時間や事柄の流れに沿って説明される「時系列型」という説明の型もあります。

【発問や指示などの例】 読む学習の場合

『笑うから楽しい』

発問1　この説明文の、説明の型は何ですか。（双括型）

発問2　一段落と四段落では、どちらの方が詳しい内容と言えますか。（四段落）

指示1　四段落の要旨を、三十字以内でまとめて、ノートに書いてごらんなさい。

参考文献：椿原流　図解で早わかり国語授業1　説明文読解の授業（椿原正和／学芸みらい社）、新国語授業を変える「用語」（白石範孝／文溪堂）

筆者の主張と事例

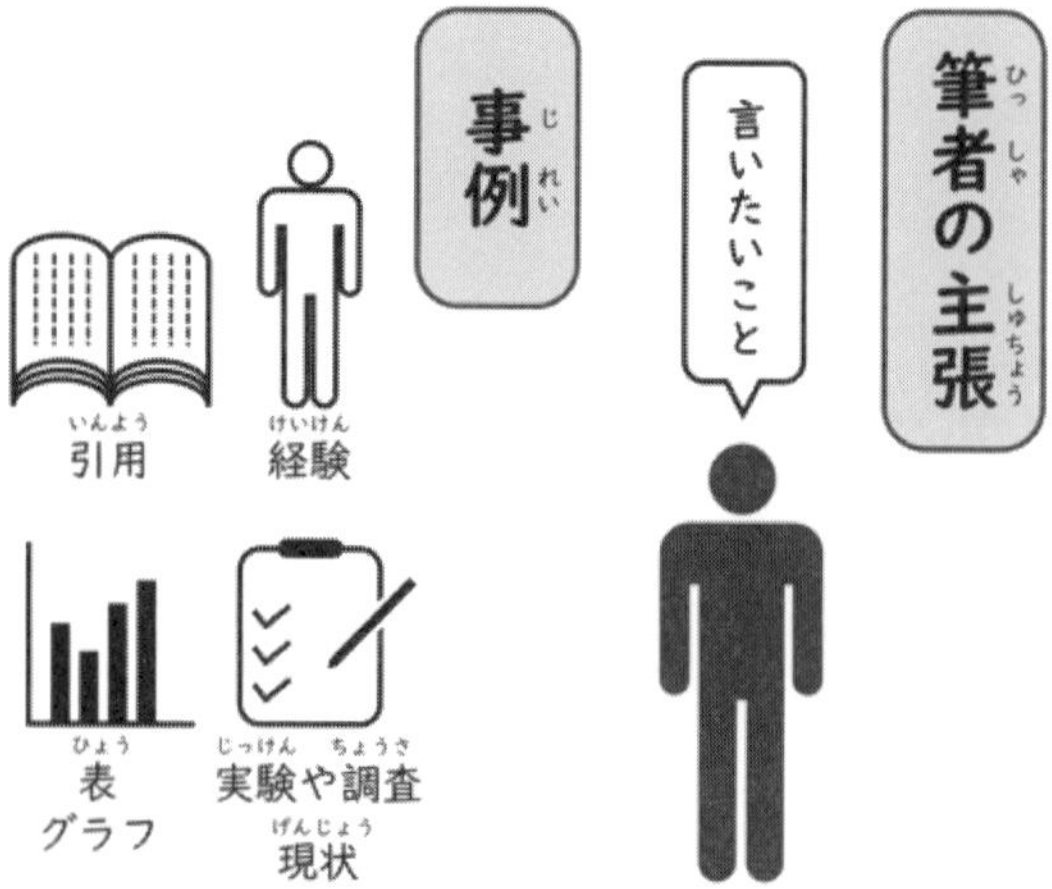

筆者の主張とは、読者に伝えたい筆者の考えのことです。通常、抽象的に書かれます。事例とは、筆者の主張をわかりやすくするための具体例のことです。

筆者の主張は、低学年の説明文にはあまりなく、高学年の説明文に多いです。「私は」「私たちは」という主語で書かれている場合もあり、筆者の主張を探す上で一つの鍵となります。

【発問や指示などの例】 **読む学習の場合**

『笑うから楽しい』

指示1 筆者の主張は、何段落に書かれていますか。指を置いてごらんなさい。

指示2 二つあります。お隣の人と確認してごらんなさい。（一段落と四段落）

指示3 二つの段落には、それぞれ事例があります。事例をすべて「例えば、」のように、線で消してごらんなさい。

参考文献：子どもが論理的に考える！〝楽しい国語〟授業の法則（向山洋一／学芸みらい社）、椿原流 図解で早わかり国語授業1 説明文読解の授業（椿原正和／学芸みらい社）

要点

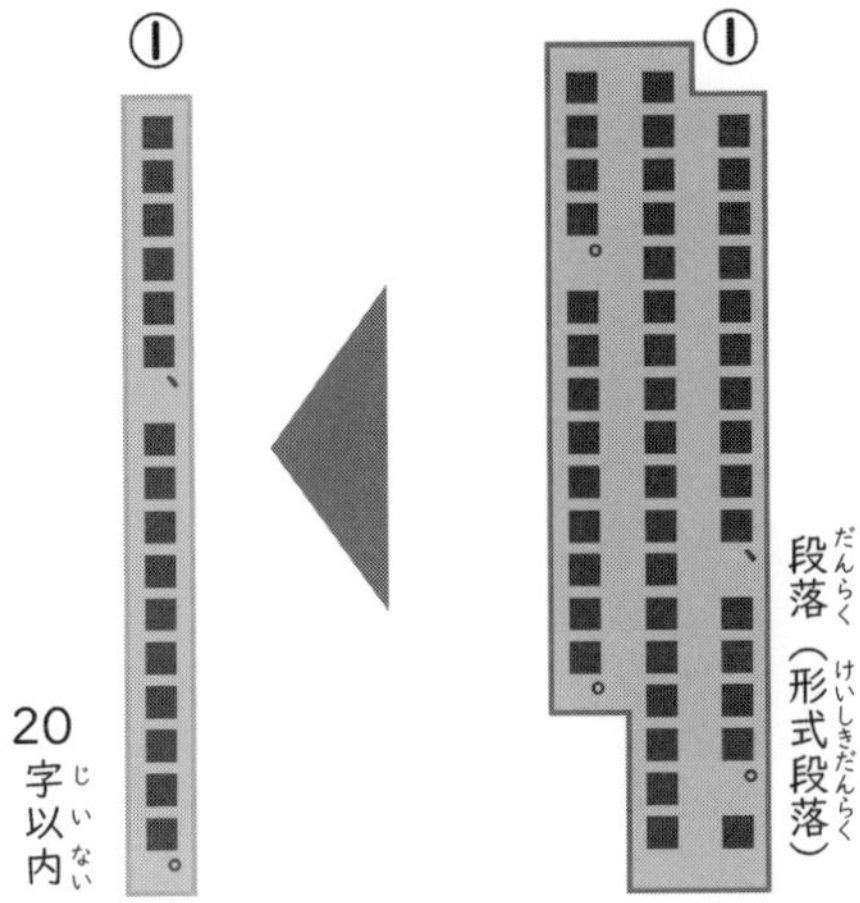

要点とは、段落の重要な内容を二十字以内にまとめた文のことです。トピック・センテンスとほぼ同じと言えます。なお、要点と要約と要旨は、すべて意味が異なります。

要点のまとめ方は、次のとおりです。①段落中のトピック・センテンスを見つける。②トピック・センテンスの主語を見つける。③主語を文末に置いて体言止めにする。

【発問や指示などの例】 読む学習の場合

『すがたを変える大豆』

指示1 一段落の要点をまとめます。まず、トピック・センテンスを見つけてごらんなさい。（最後の文）

発問1 その文の主語はなんですか。丸で囲んでごらんなさい。（大豆）

指示2 「大豆」を体言止めにして、二十字以内の文にしてごらんなさい。（いろいろな食品にすがたをかえている大豆。）

参考文献：椿原流　図解で早わかり国語授業1　説明文読解の授業（椿原正和／学芸みらい社）、新国語授業を変える「用語」（白石範孝／文溪堂）

要約

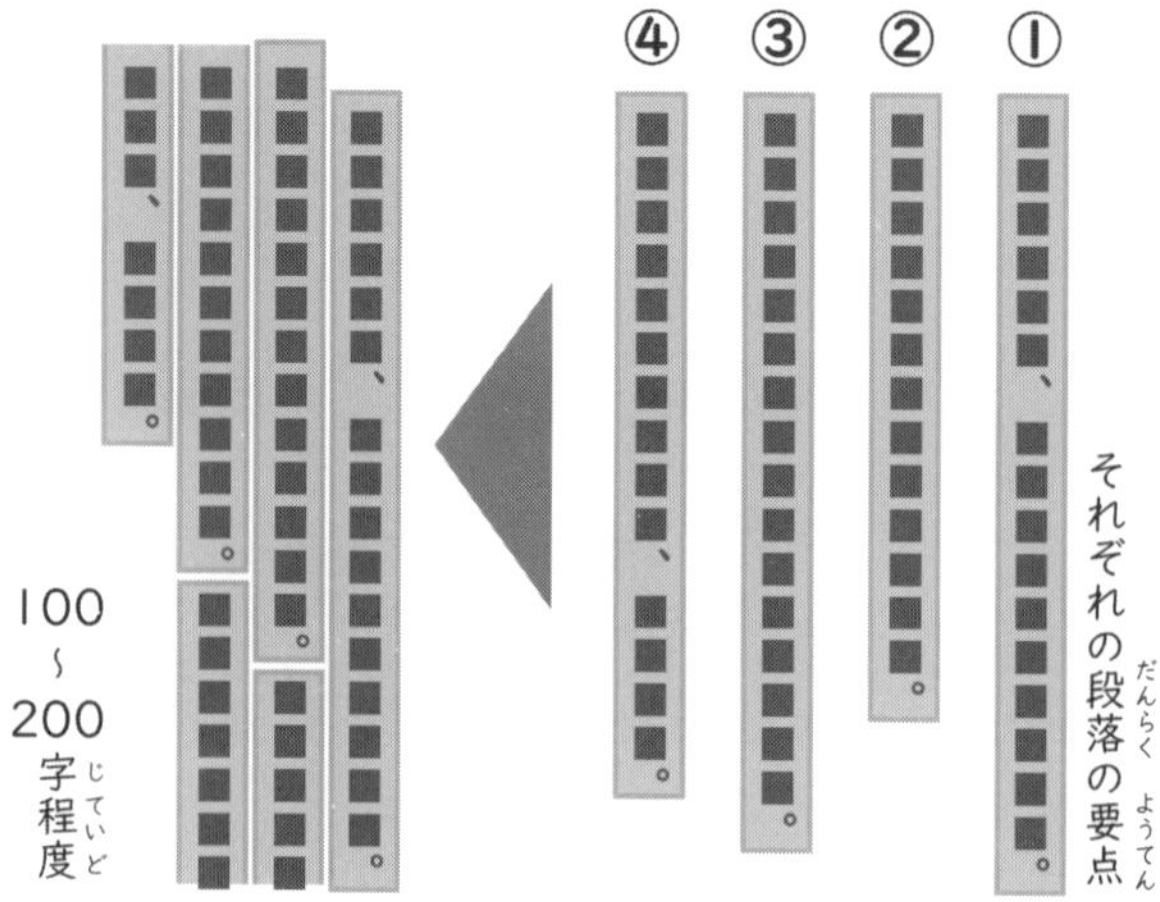

要約とは、文章構成をもとにして、要点またはトピック・センテンスを順番にまとめることです。まとめた文章自体を指すこともあります。要約の目的によって、要約文は変わると言われています。

要約の目的は、たとえば次の二つが考えられます。①単に全文を短くするため。②誰か特定の相手に特定の内容を伝えるため。②の場合は、要点を相手に合わせて検討する必要があります。

【発問や指示などの例】 読む学習の場合

『すがたを変える大豆』全部の段落の要点をまとめて

指示1 この説明文を要約します。要約の目的は、全文を短くして、内容をわかりやすくするためです。それぞれの段落の要点を順番通りにまとめて、二百字ほどの文章にしてごらんなさい。

参考文献：椿原流 図解で早わかり国語授業1 説明文読解の授業（椿原正和／学芸みらい社）、新国語授業を変える「用語」（白石範孝／文溪堂）、国語教育指導用語辞典 第五版（田近洵一、井上尚美、中村和弘／教育出版）

要旨

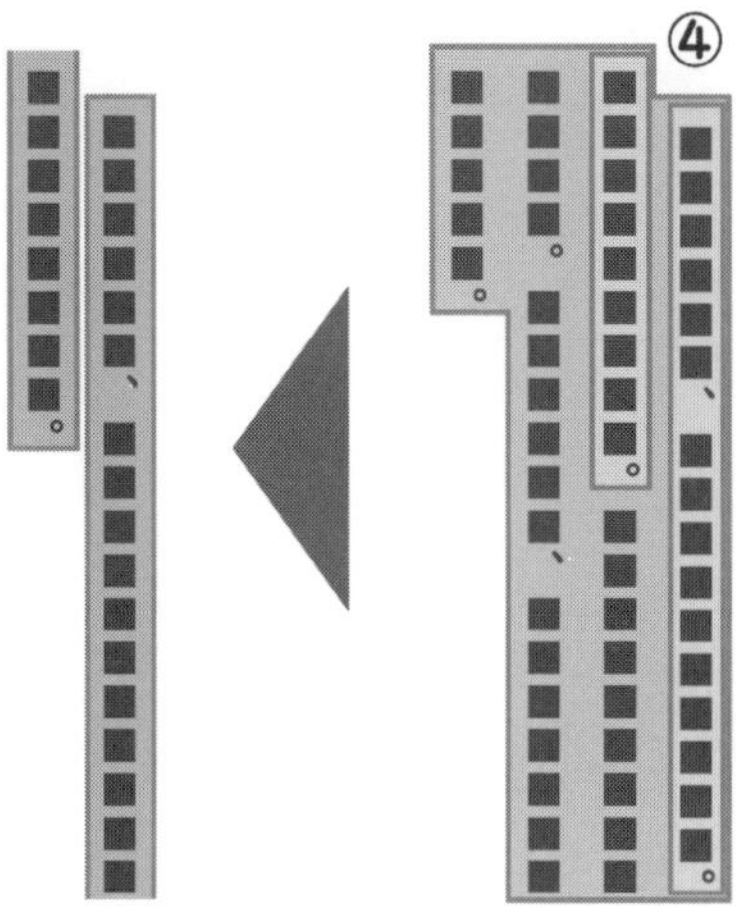

要旨とは、内容の中心や筆者の主張の中心を三十字以内にまとめた文のことです。要旨を把握するには、向山洋一氏が提唱した向山型要約指導の「全文要約」の方法が役に立ちます。

要旨を捉える手順は次のとおりです。①まとめの段落（筆者の主張が書かれた段落）を見つける。②筆者の主張が書かれた一文（二文）を見つける。③その一文を三十字以内にまとめる。

【発問や指示などの例】 **読む学習の場合**

『すがたを変える大豆』

指示1 筆者の主張が書かれた段落は何段落ですか。指を置いてごらんなさい。（八段落）

指示2 筆者の主張の文は何文目ですか。お隣と相談してごらんなさい。（四文目）

指示3 最も大事な言葉を体言止めにして、その文を三十字以内でまとめてごらんなさい。（大豆のよさに気づき食事に取り入れた昔の人々のすごいちえ。二十八字）

参考文献：椿原流　図解で早わかり国語授業1　説明文読解の授業（椿原正和／学芸みらい社）、新国語授業を変える「用語」（白石範孝／文溪堂）

引用と出典

引用とは、他の人の言葉や文章を、自分の話や文章で使うことです。出典とは、引用した言葉や文章などの出所のことです。出所は、たとえば、本や新聞やホームページなどです。

引用で重要なのは、①他の人の言葉や文章を一字一句正確に引くこと（書き抜くこと）、②必ず出典を示すこと、です。出典は、文章中に書いたり、文末にまとめて書いたりします。

【発問や指示などの例】書く学習の場合

［『すがたを変える大豆』 筆者の主張の段落が八段落と押さえてから］

指示1 筆者の主張に対して、あなたはどう思いますか。次のように筆者の主張を引用して、自分の意見を書いてごらんなさい。

> 筆者は「〜」と言っている。わたしはこの主張に対して〜と思う。

引用（いんよう）

「■■■■■■、■■■■■■■■■■。」

出典（しゅってん）

「■■■■■■、■■■■■■■■■■。」

（山田太郎、『○○○○○』、七四ページ、○○出版社、二〇二三年）

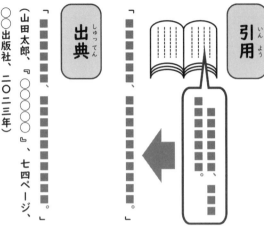

参考文献：理科系の作文技術（木下是雄／中公新書）、大学の授業（宇佐美寛／東信堂）

指示語（こそあど言葉）

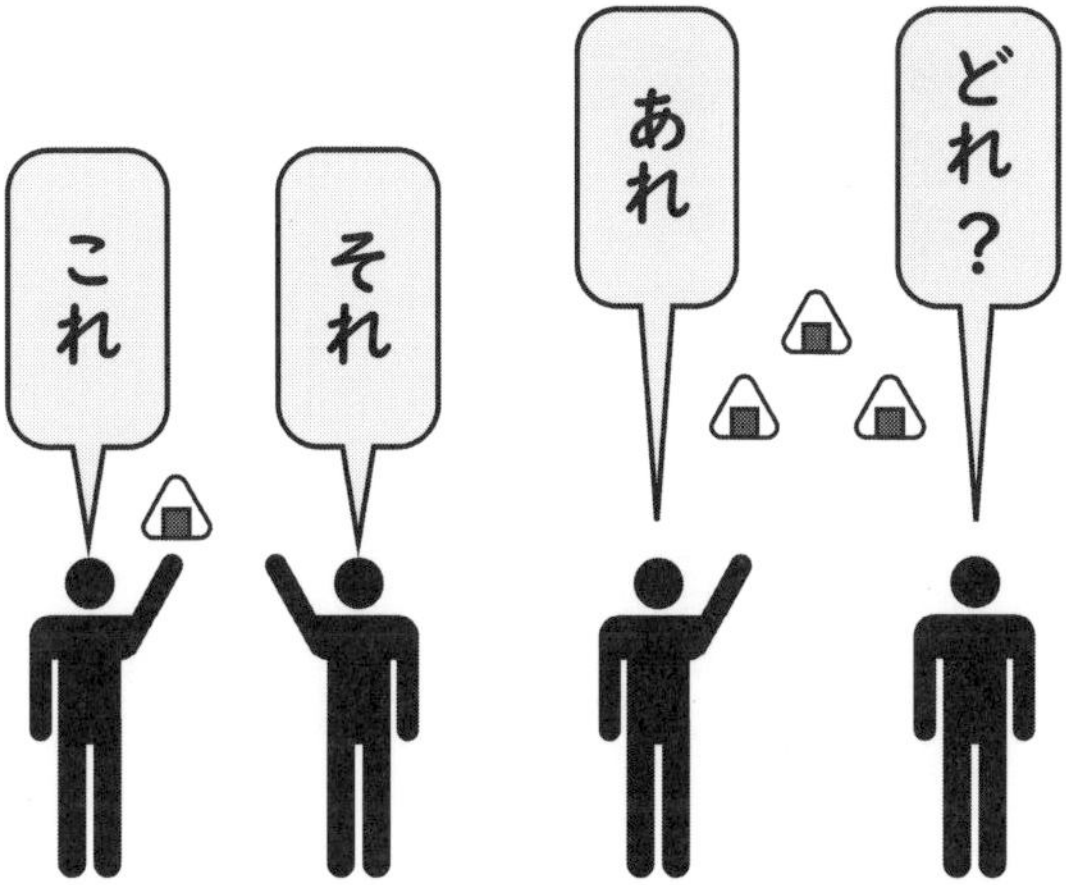

指示語とは、何かを指す言葉のことです。こそあど言葉とも言います。たとえば、「これ」は近くを、「それ」はやや遠くを、「あれ」は遠くを指すときに使われます。

説明文では、指示語は語句や文や段落などを指します。たとえば「これは」と文章中にあるなら、「これ」は何を指しているのか検討させ、実際に語句などを当てはめさせると良いでしょう。

【発問や指示などの例】 読む学習の場合

『つぼみ』

指示1 3行目を見てごらんなさい。「これは、なんの　つぼみでしょう。」とあります。「これ」とは何のことですか。すぐ前の文に書いてありますね。指を置いてごらんなさい。

（さきが　ねじれた　つぼみ）

指示2 「これ」を「さきが　ねじれた　つぼみ」に変えて、読んでごらんなさい。

参考文献：椿原流　図解で早わかり国語授業1　説明文読解の授業（椿原正和／学芸みらい社）、国語教育研究大辞典（国語教育研究所／明治図書）

接続詞

①**順接**
〈例〉雨が降ってきた。**だから、**外では遊ばない。

②**逆接**
〈例〉雨が降ってきた。**しかし、**外で遊ぶ。

③**並列・累加（添加）**
〈例〉雨が降ってきた。**また、**風もふいてきた。

④**説明**
〈例〉雨が降ってきた。**つまり、**天気が変わった。

⑤**対比・選択**
〈例〉雨**または**みぞれが降ってくる。

接続詞とは、文と文をつなぐための言葉のことです。文と文だけでなく、文章と文章、段落と段落をつなぐこともできます。イメージ図にはない、「制限」や「転換」を表す接続詞もあります。

接続詞は、説明文で多く使われます。接続詞の働きを知ることは、説明文の読解において必須です。また、接続詞を使って論理的な文や文章を書けるようになることも必要です。

【発問や指示などの例】 **書く学習の場合**

［上のイメージ図を提示して］

指示1 「私はラーメンを食べた。」とノートに書いてごらんなさい。さらに文を続けて書きます。文頭に接続詞を使って書いてごらんなさい。

［ノートを持って来させ、「順接」や「逆接」などのカテゴリーごと板書させる。書いた子に読ませる。書かれた文章で、接続詞の使い方に間違いがないか、全員で検討する］

参考文献：小学校の「国語・読解問題」を9つのコツで完全攻略（編・向山洋一 著・伴一孝／PHP研究所）

コラム1

『イメージ図』の使い方あれこれ

❶ 学習用語の定義を教えながら

最もオーソドックスな方法です。たとえば「話者」を教えたい場合、イメージ図を提示しながら次のように言います。「話者というものがあります。物語文や詩などの中で、話を進めていく人物のことです」。そして問います。「話者と作者は同じですか違いますか。図を見て近くの人と相談してごらんなさい」。違う、と子どもたちは言うでしょう。

❷ まずイメージ図を見せる

学習用語の定義を教える前に、イメージ図を見せます。たとえば「文と文章」の場合、イメージ図を見せて、次のように指示します。「この図を見て、何がわかりますか。近くの人と相談してごらんなさい」。相談させてから、何人かを指名して意見を言わせます。教師はすべて肯定し、考えたことを褒めます。最後に「文と文章」の定義を教え、ノートに書かせます。

❸ イメージ図の一部を隠す

下のように、イメージ図の一部を隠して提示して、問います。「一番左に入るものは、何と何だと思いますか。『↔』という形でノートに書いてごらんなさい」。書いたものを発表させます。元の図を見せます。あくまでも、例の一つだと説明します。最後に定義を教えます。

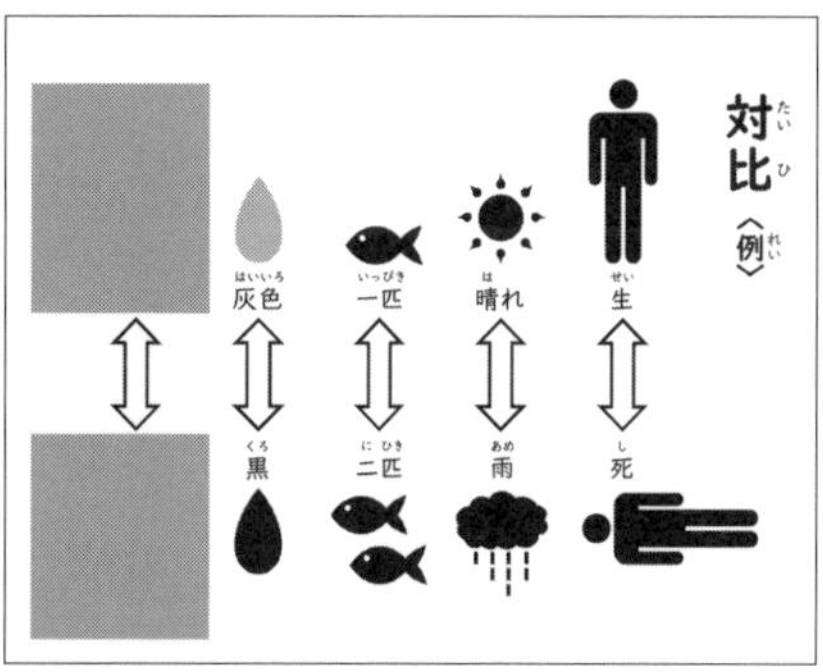

地の文と会話文

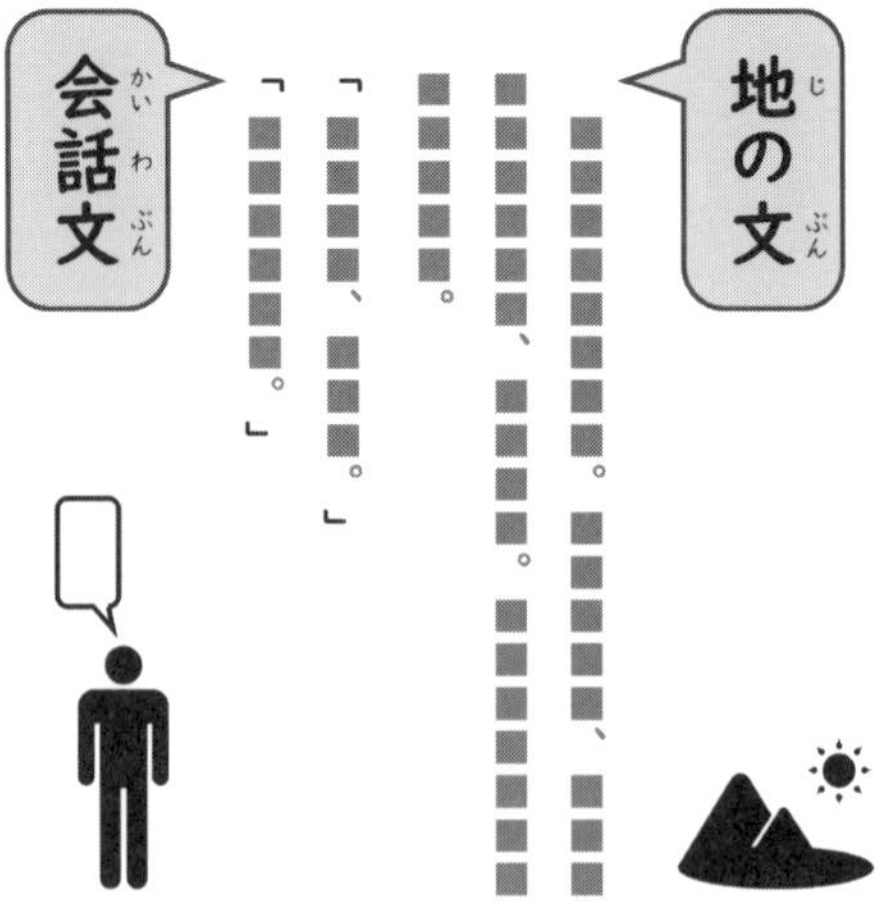

地の文とは、会話文以外の文章のことです。情景が描写されたり、登場人物の行動や心情が表現されたり、状況が説明されたりします。
会話文とは、登場人物が話す文章のことです。

会話文には、かぎ括弧が使われます。授業では、地の文や会話文の表現をもとに、誰が話しているか確定することが大切です。確定したら、かぎ括弧の上に、その人物名を書くと良いです。

【発問や指示などの例】 読む学習の場合

『お手紙』

発問1 最初の会話文は、誰が言ったのですか。
（かえるくん）

発問2 どうしてかえるくんとわかるのですか。お隣と相談してごらんなさい。
（「どうしたんだい、がまがえるくん」と言っているから。「かえるくんが～言いました」とあるから）

指示1 その会話文の上に ㋕ と書いてごらんなさい。

参考文献：国語教科書の読解力は「図読法」でつける（椿原正和／学芸みらい社）

登場人物

登場人物とは、物語の中で話したり行動したりする、人や動物やもののことです。『ごんぎつね』の登場人物は、ごん、兵十、弥助の家内、新兵衛の家内、いわし売り、加助などです。

仮にその物語を劇にするとき、役として出てこなければいけないものが登場人物です。登場人物と言っても、人に限らず、動物なども当てはまるのがポイントです。

〔発問や指示などの例〕 読む学習の場合

［『つぼみ』］

指示1　このお話の登場人物を、すべてノートに書いてごらんなさい。

［発表させて、板書する］

指示2　この中で、登場人物とは言えないものはありますか。あるなら手を挙げてごらんなさい。

［意見を出させ、全員で検討する］

参考文献：物語文・詩文の効果的な指導スキル＆パーツ活用事典（谷和樹、許鍾萬／明治図書）、向山型国語教え方教室２０１５年３－４月号№０８４号（明治図書）

中心人物（主人公・主役）と対役

中心人物（主人公・主役）とは、物語（お話）の中で、考え方や行動がガラリと変わる登場人物のことです。対役とは、中心人物の考え方や行動をガラリと変える登場人物のことです。

たとえば、『大造じいさんとガン』なら、中心人物は大造じいさん、対役は残雪です。残雪が、大造じいさんの考え方や行動をガラリと変えています。

【発問や指示などの例】 読む学習の場合

『大造じいさんとガン』

発問1 お話の最初と最後で、考え方や行動がガラリと変わっているのは誰ですか。

（大造じいさん）

発問2 どう変わっているのですか。ノートに、「〜が、〜に変わっている」と書いてごらんなさい。

（どんな方法でも良いから残雪をとらえたいという考えが、正々堂々と戦いたいという考えに変わっている。など）

参考文献：「国語」授業の腕が上がる新法則（村野聡、長谷川博之、雨宮久、田丸義明／学芸みらい社）

設定（場面の設定）

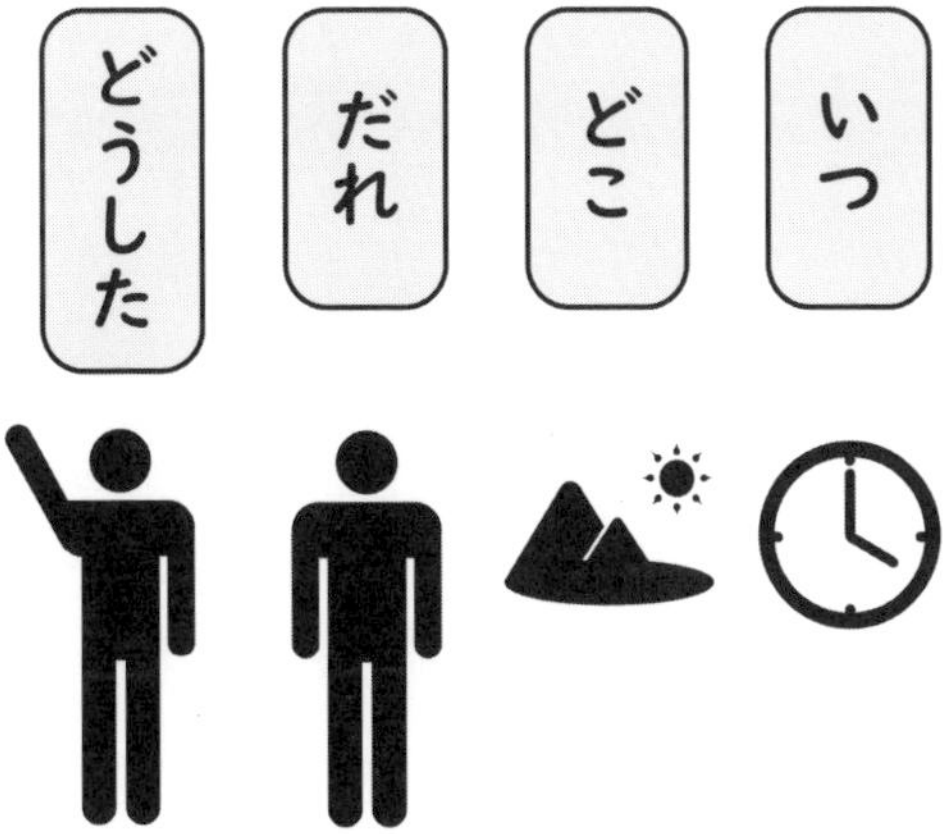

設定とは、物語の時、場所、登場人物、登場人物の行動などのことです。事件（出来事）や話者などを含めることもあります。

『ごんぎつね』なら、時は昔、場所は中山から少し離れた山の中と村です。登場人物はごん、兵十、弥助の家内、新兵衛の家内、いわし売り、加助などです。

【発問や指示などの例】 読む学習の場合

［『ごんぎつね』登場人物を検討し、確定して］

発問1 このお話を簡単に一言で言うと、誰が何をするお話と言えますか。ノートに「〇〇が～お話」と書いてごらんなさい。

（ごんが兵十につぐないをするお話）

（兵十が自分の家でごんをうつお話）

参考文献：物語文・詩文の効果的な指導スキル＆パーツ活用事典（谷和樹、許鍾萬／明治図書）、向山型国語教え方教室２０１５年３－４月号No.０８４号（明治図書）

事件（出来事）

事件とは、物語中の出来事のことです。題材とも呼ばれます。物語は、いくつかの事件で構成されています。教科書に書かれている「1」「2」…などの場面が事件とは限りません。

事件は全部でいくつか、教師は解を持った上で授業をします。各事件は「（中心人物の）○○が～する」という形でまとめます。例外的に、中心人物が主語にならない事件もあります。

〈『桃太郎』の例〉

事件① 桃太郎が桃から生まれる。

事件② 桃太郎が鬼を退治しようと決める。

事件③ 桃太郎が犬と猿とキジをお供にする。

事件④ 桃太郎が鬼ケ島で鬼を退治する。

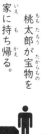

事件⑤ 桃太郎が宝物を家に持ち帰る。

【発問や指示などの例】 読む学習の場合

説明1 このお話には、五つの事件があります。最初の事件は□ページの□行目から、△ページの△行目までです。

［△行目の後ろに線を引かせる］

発問1 二つめの事件は、何ページの何行目までですか。わかった人は、その行に指を置いてごらんなさい。

［発表させ、意見が異なっていたら、そう考えた理由を言わせる］

参考文献：「分析批評」で授業を変える（向山洋一／明治図書）、物語文・詩文の効果的な指導スキル＆パーツ活用事典（谷和樹、許鍾萬／明治図書）

作者と話者

作者とは、物語文や詩などを書いた人のことです。話者とは、物語文や詩などの中で、話を進めていく人のことです。語り手とも言われます。『吾輩は猫である』の作者は夏目漱石で、話者は猫です。

作者と話者は別物です。このことを授業で教えるには、宮入黎子の詩『から』を教材に使うと良いでしょう。作者は大人で女性、話者は子どもで男性だからです。

【発問や指示などの例】 **読む学習の場合**

『ごんぎつね』

発問1 作者は誰ですか。（新美南吉）

発問2 話者は誰ですか。（わたし）

発問3 「わたし」は、男性ですか女性ですか。
（わからない。書かれていない）

指示1 「話者はわたし、性別は不明」とノートに書いてごらんなさい。

参考文献：子どもが論理的に考える！〝楽しい国語〟授業の法則（向山洋一／学芸みらい社）、向山型国語教え方教室2015年3-4月号№084号（明治図書）

イメージ

色のイメージ

⇩ 火、血、熱い、燃える

⇩ 金、光、危険、温かい

語句のイメージ

親 幸福 ⇧ 太陽 ⇩

恵み 不幸 ⇧ 雨 ⇩

人生 困難 ⇧ 山 ⇩

イメージとは、ある言葉が表す、その言葉以外のものや事柄のことです。象徴や比喩などとも言えます。たとえば「カラス」という言葉には、不吉な予感や死などのイメージがあります。

授業では、色のイメージや効果、ある言葉がイメージする他の言葉や色、作品で聞こえてくる音やその効果など、多彩に扱えます。イメージは、一年生から授業しておくことが必要です。

【発問や指示などの例】 読む学習の場合

『モチモチの木』

発問1 「モチモチの木」が豆太の心を表すとします。「灯がついたモチモチの木」は、豆太のどんな心を表していると言えそうですか。思いつくだけノートに書いてごらんなさい。

（勇気、優しさ、元気、安心、など）

［ノートを持って来させ、丸をつけ、黒板に書かせる。発表させる］

参考文献：子どもが論理的に考える！〝楽しい国語〟授業の法則（向山洋一／学芸みらい社）、TOSSランド（ⅠD abhst7yasd3ez3r3）椿原正和『向山型分析批評 発問づくり10の原則 2』

起承転結

起承転結とは、詩や物語文における一つの構成のことです。四つの部分で成り立っており、「起」で話が始まり、「承」で盛り上がり、「転」で最高潮に達し、「結」で結ばれます。

〈『桃太郎』の例〉

読み取りで起承転結を扱う場合は、「転」はどこからどこまでか（どの事件か。または何場面か）を先に検討します。こうすることで「結」も確定できます。次に「起」を検討します。

【発問や指示などの例】 **読む学習の場合**

［最初に、物語文（ストーリーの部分）はいくつの事件か確定する。次に、それぞれの事件を短文に要約する］

発問1　このお話を起承転結に分けます。まず、「転」はどの事件ですか。「事件○」とノートに書いてごらんなさい。

指示1　書いたら、なぜそこが「転」だと思ったのか、理由も書いてごらんなさい。

参考文献：「分析批評」で授業を変える（向山洋一／明治図書）、物語文・詩文の効果的な指導スキル＆パーツ活用事典（谷和樹、許鍾萬／明治図書）

クライマックス

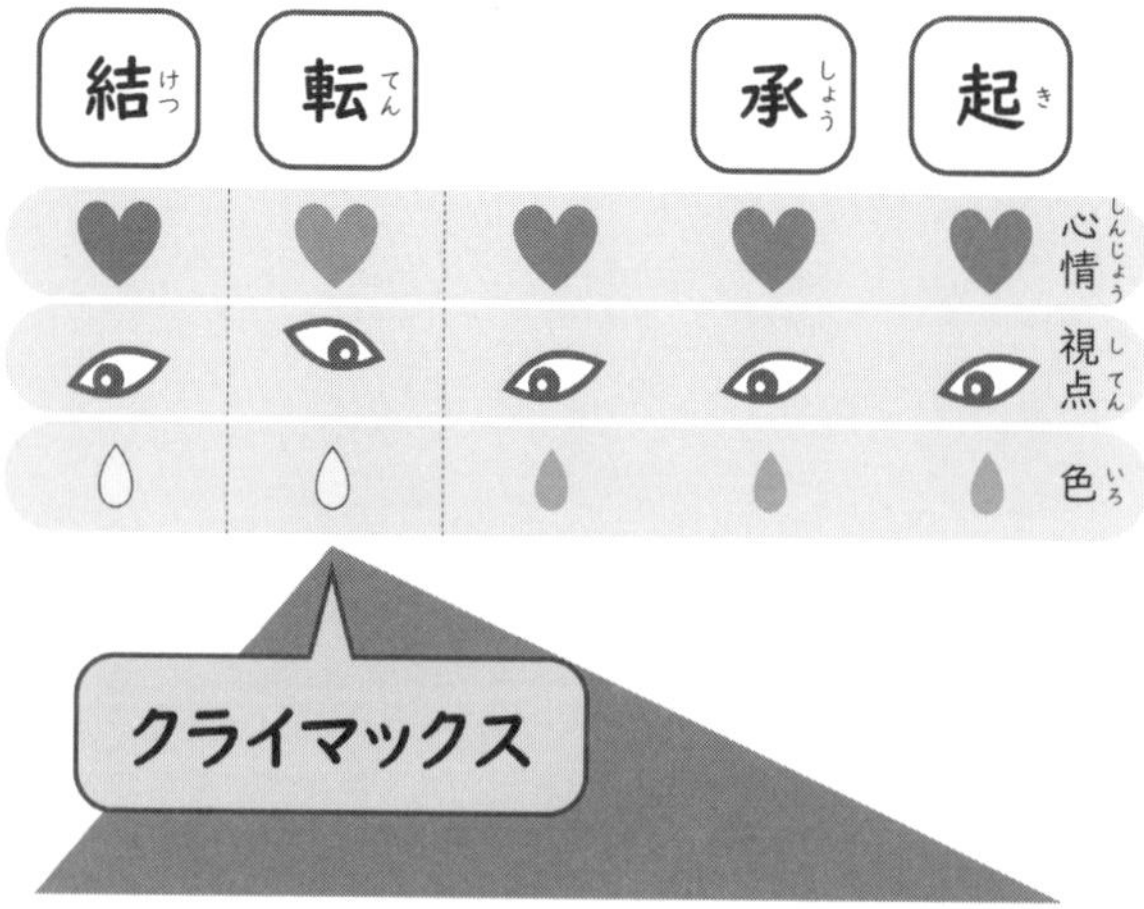

クライマックスとは、それまでずっと変化しなかったことが、大きく変化するところのことです。大きく変化するのは、たとえば中心人物の心情や行動、視点や、色のイメージなどです。

クライマックスは、起承転結の「転」にある場合がほとんどです。また、授業においてクライマックスの一文を検討する際、何がどう変化したのか、併せて検討することが大事です。

【発問や指示などの例】　読む学習の場合

『大造じいさんとガン』

発問1　クライマックスの一文はどれですか。その文を書き抜いてごらんなさい。
（「が、なんと思ったか、再びじゅうを下ろしてしまいました。」）

発問2　この一文で何がどう変化したのですか。ノートに書いてごらんなさい。
（大造じいさんの、残雪をねらおうとする気持ちがなくなった。）

参考文献および参考資料：「分析批評」で授業を変える（向山洋一／明治図書）、向山洋一映像全集第六巻「言葉を追究する国語指導」（教育技術研究所）

モチーフ（中心題材）

モチーフとは、物語文全体で繰り返し出てくる出来事や事件、言葉、中心的な事柄のことです。中心題材とも呼ばれます。たとえば『桃太郎』のモチーフは、「鬼退治」と言えます。

〈『桃太郎』の例〉

事件① 桃太郎が桃から生まれる。

事件② 桃太郎が鬼を退治しようと決める。

事件③ 桃太郎が犬と猿とキジをお供にする。

事件④ 桃太郎が鬼ケ島で鬼を退治する。

事件⑤ 桃太郎が宝物を家に持ち帰る。

鬼退治

モチーフを検討する際は、それぞれの事件の要約文で繰り返されていることに着目します。事件から見つけられない場合は、本文で繰り返されていることを探します。

【発問や指示などの例】　読む学習の場合

『ごんぎつね』

発問1　それぞれの事件で何度か繰り返されていることがあります。それは何ですか。ノートに書いてごらんなさい。
（つぐない、失敗、など）

発問2　これらのうち、お話の中で中心となっているのはどれですか。
（つぐない）

説明1　「つぐない」がこのお話のモチーフです。

参考文献および参考資料：『分析批評』で授業を変える（向山洋一／明治図書）、向山型国語教え方教室２０１５年３－４月号№０８４号（明治図書）、向山洋一映像全集　第六巻「言葉を追究する国語指導」（教育技術研究所）

主題（テーマ）

〈『桃太郎』の例〉

モチーフ

鬼退治

主題

人間

人間は、悪と戦わなければならない。

世の中

世の中は、正義が勝つ。

人生

人生には、勇気と仲間が必要だ。

主題とは、作品の中心となっている考えのことです。テーマとも呼ばれます。主題は、モチーフをもとにして考えます。あるいは、クライマックスや題名から考える場合もあります。

主題を書く場合、次のことが大事です。①作品から離れ、登場人物名（「ごん」など）を出さない。②「人間」「世の中」「人生」から書き出す。③主題は一つではなく、複数考えられる。

【発問や指示などの例】 **読む学習の場合**

『ごんぎつね』

発問1 このお話の主題は何ですか。モチーフをもとにして、「人間」、「世の中」、「人生」のどれかから始めて、ノートに書いてごらんなさい。

（人間は、自分に都合のいい考えをする生き物だ。世の中は、すれちがいの連続である。人生には、気づかないことがたくさんある。など）

参考文献：「分析批評」で授業を変える（向山洋一／明治図書）、TOSSランド（一D abp4udilcjuieggo）河田孝文『国語力の一つ〝主題読み取り〟スキル③』（教育技術研究所）

人物関係

〈『桃太郎』の例〉

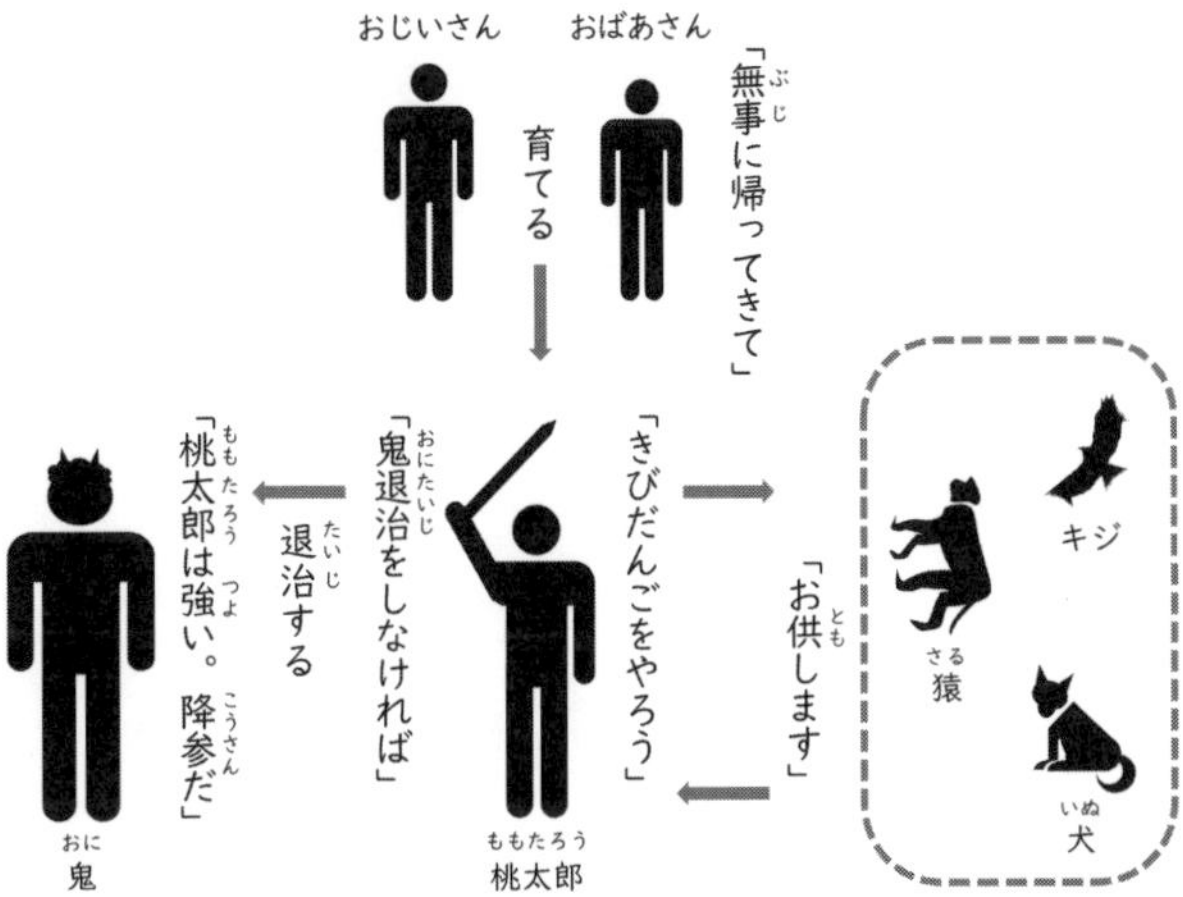

人物関係とは、中心人物をもとにした、登場人物同士の関係のことです。人物関係で検討すべきことは、①「人物相互の関係」と、②「人物の社会的規定」の二つです。

右の①は「中心人物と対役は相手をどう思っているか」、②は「中心人物は自分をどう思っているか、何を望んでいるか、他の登場人物からどう思われているか」などのことです。

〈発問や指示などの例〉 読む学習の場合

『ごんぎつね』

指示1 人物関係を考えます。次のことを図にしてごらんなさい。

①ごんと兵十は、おたがいをどう思っているか。②ごんは自分のことをどう思っているか。③ごんは何をしたいのか。④兵十は何をしたいのか。⑤ごんと兵十の周りにはどんな人物がいるか。

参考文献：「分析批評」で授業を変える（向山洋一／明治図書）、子どもが論理的に考える！〝楽しい国語〟授業の法則（向山洋一／学芸みらい社）

対比

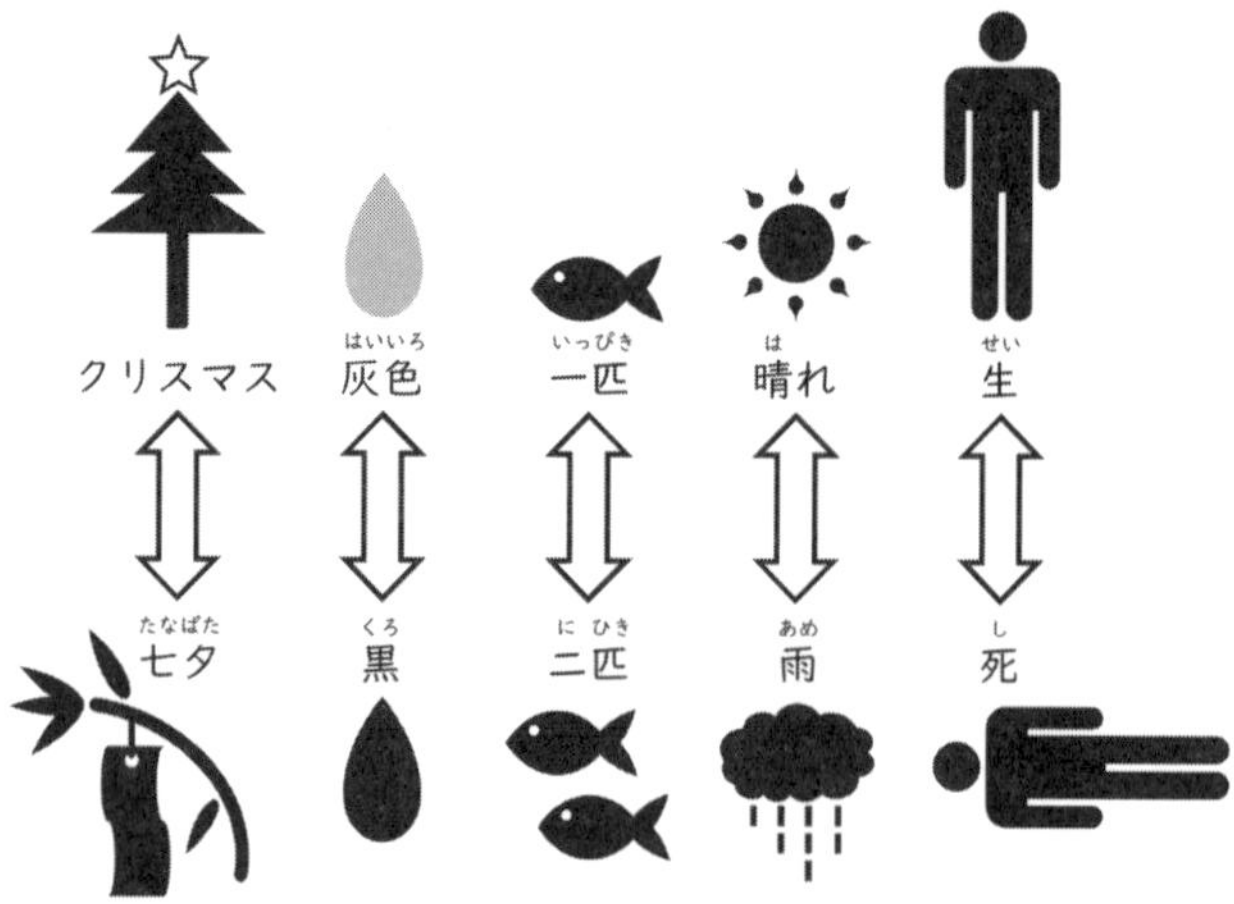

対比とは、二つのものを比べて、その違いや性質を明確にすることです。対比されている言葉は、対義語とは限りません。「生きる↔死ぬ」や「生きる↔病気になる」などは対比です。

物語文の学習では、対比を検討することで主題に迫ることもできます。

①作品中の重要な対比を取り上げ、②どの点で対比されているかを列挙し、

③一つにまとめる、という方法です。

【発問や指示などの例】 読む学習の場合

『スイミー』 対比「小さな赤い魚たち↔まぐろ」を取り上げて

発問1 これはつまり、何と何の対比と言えますか。

（小さいと大きい、弱いと強い、など）

指示1 これらの言葉を使って、このお話を「〜話」とまとめてごらんなさい。

（弱くても集まれば強くなる話、など）

説明1 今みんなが考えたものが、『スイミー』の主題と言えます。

参考文献：向山型国語教え方教室2015年3－4月号№084号（明治図書）、国語授業の正解 上巻（谷和樹、鈴木良幸／NPO TOSS授業技量検定）、向山洋一映像全集 第二巻「教室が熱中する討論の授業」（教育技術研究所）

視点（話者の視点）

視点とは、話者が見ている位置のことです。登場人物の外にある場合（三人称視点）や、登場人物の中にある場合（一人称視点）などがあります。各々の視点により、文章表現が変わります。

視点は、目玉で描くこともできます。これにより「話者がどこから見ているか」、「話者に見えているものは何か」などを検討できます。

【発問や指示などの例】 **読む学習の場合**

『ごんぎつね』「兵十はかけよってきました。」の文を取り上げて

指示1 この文を絵にして、話者を目玉で描いてごらんなさい。

［ノートを持って来させ、丸をつける］

発問1 この文と、その前の文とでは、視点は同じですか、それとも違いますか。近くの人と相談してごらんなさい。

参考文献および参考資料：「分析批評」で授業を変える（向山洋一／明治図書）、物語文・詩文の効果的な指導スキル＆パーツ活用事典（谷和樹、許鍾萬／明治図書）、向山洋一映像全集　第二巻「教室が熱中する討論の授業」（教育技術研究所）

一人称視点

一人称視点とは、登場人物の目線で語る視点のことです。話者が一人の登場人物の中に入り、話が進んでいきます。『吾輩は猫である』や『きつねの窓』などは一人称視点の物語文です。

一人称視点では、登場人物である話者が自分のことを「ぼく」や「私」などと表現します。また、主観で、自分の心情のみを語ります。読者が感情移入しやすい視点とも言えます。

【発問や指示などの例】 読む学習の場合

『きつねの窓』

発問1 このお話は、一人称視点、三人称限定視点、三人称全知視点の、どの視点で語られていますか。ノートに「○○視点」と書いてごらんなさい。

指示1 根拠となる文にサイドラインを引いてごらんなさい。

（一人称視点。「ぼくは、自分の山小屋にもどるところでした。」）

参考文献：「分析批評」で授業を変える（向山洋一／明治図書）、向山型国語教え方教室2015年3−4月号No.084号（明治図書）

三人称全知視点（神の視点）

三人称全知視点とは、登場人物の行動や心情など何もかも語る視点のことです。通称、「神の視点」とも呼ばれます。『お手紙』などは、三人称全知視点の物語文です。

三人称全知視点では、話者は登場人物の心に入り込むことができます。すべてを知っている、「全知全能の話者」と言えます。

【発問や指示などの例】 読む学習の場合

［『お手紙』］

発問1　このお話は、三人称全知視点、つまり「神さま」の視点で語られています。神さまなので、登場人物の気持ちがわかるのです。もしも神さまの視点でないならば、次の文はどう表現されますか。ノートに書いてごらんなさい。

「ふたりとも、かなしい気分で、げんかんの前にこしを下ろしていました。」

（「ふたりとも、だまって、げんかんの前にこしを下ろしていました。」など）

参考文献：「分析批評」で授業を変える（向山洋一／明治図書）、向山型国語教え方教室2015年3－4月号№084号（明治図書）

三人称客観視点

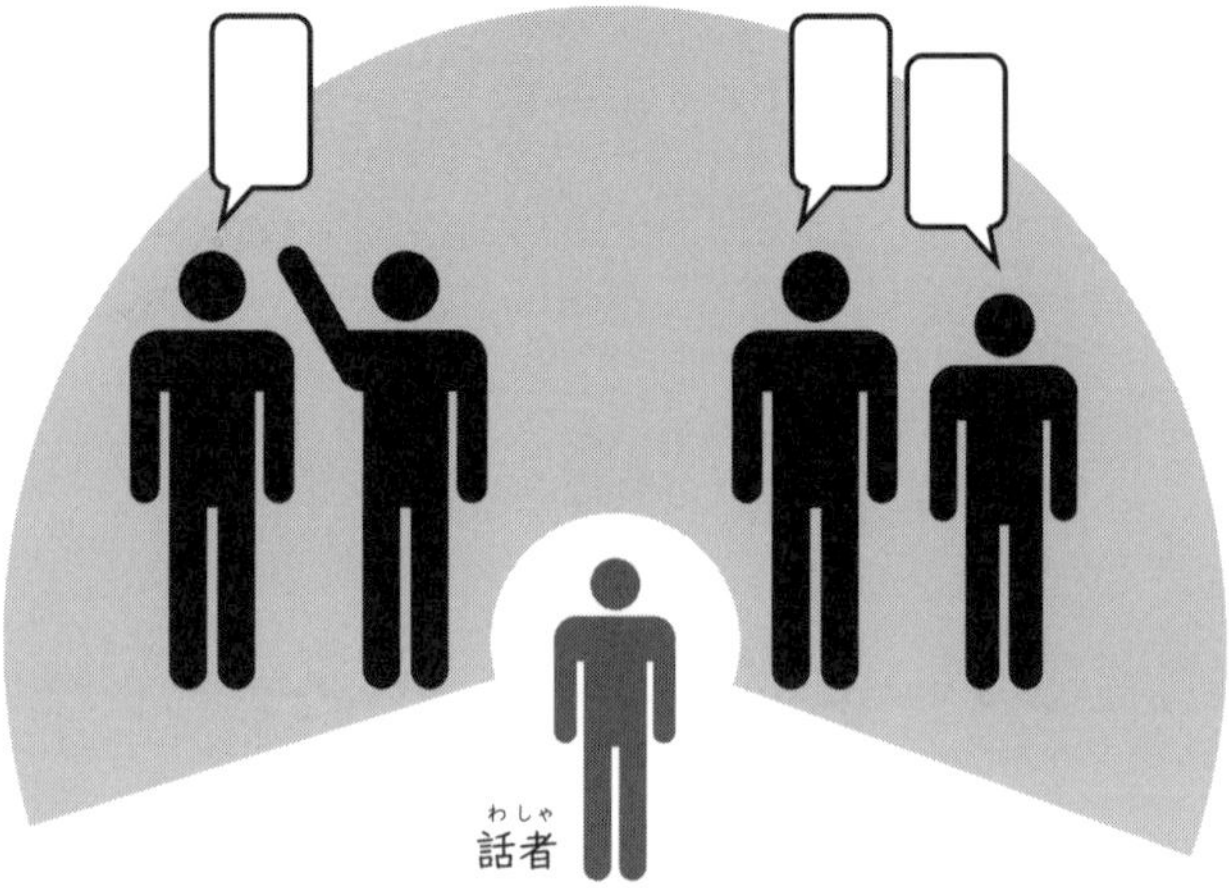

三人称客観視点とは、登場人物の言動を淡々と語り、誰の心情も語らない視点のことです。『一つの花』などは、三人称客観視点の物語文です。

三人称客観視点は、三人称全知視点とは異なり、登場人物の心に入り込みません。登場人物から距離を置いて、観察するような視点です。

【発問や指示などの例】 読む学習の場合

『一つの花』

発問1　このお話は、三つの三人称視点のうち、どの視点で語られていますか。登場人物の心情がどう書かれているか探して、考えをノートに書いてごらんなさい。
（「三人称客観視点だと思う。心情が表現されていないから」など）

参考文献：「分析批評」で授業を変える（向山洋一／明治図書）、向山型国語教え方教室2015年3−4月号№084号（明治図書）

三人称限定視点

三人称限定視点とは、ある特定の登場人物の心情を語る視点のことです。『大造じいさんとガン』などは、三人称限定視点の物語文です。

三人称限定視点は、特定の登場人物の心情をすべて語るわけではありません。また、場面によって心情を語る登場人物が変化することもあります。

【発問や指示などの例】 **読む学習の場合**

〔『大造じいさんとガン』〕

指示1 このお話では、視点が変化する瞬間があります。そのことがわかる一文を探して、ノートに書き抜いてごらんなさい。
（「残雪の目には、人間もハヤブサもありませんでした。」など）

指示2 今書いた一文で、どこからどこに視点は変化したのですか。ノートに書いてごらんなさい。

参考文献：「分析批評」で授業を変える（向山洋一／明治図書）、向山型国語教え方教室2015年3-4月号No.084号（明治図書）

情景描写

太陽の光が、山や野原を暖かくてらしていました。

空は雲でおおわれていて、冷たい雨が降っていました。

情景描写とは、場面の様子や光景を表す地の文のことです。情景描写は、物語文や詩などに見られます。また、情景描写から登場人物（特に中心人物）の心情を読み取ることもできます。

たとえば『大造じいさんとガン』における情景描写は、「秋の日が、美しくかがやいていました。」「あかつきの光が、小屋の中に、すがすがしく流れこんできました。」などの文です。

【発問や指示などの例】読む学習の場合

［『大造じいさんとガン』「秋の日が、美しくかがやいていました。」という文を取り上げて］

説明1　このように、場面の様子や光景を表す文を「情景描写」と言います。

指示1　情景描写の文は、他にもあります。○ページから見つけてごらんなさい。見つけた人は立ってごらんなさい。

参考文献：「分析批評」で授業を変える（向山洋一／明治図書）、ＴＯＳＳランド（ＩＤ ablaif7thlnyfzxd）椿原正和『初心者のための分析批評全授業記録「大造じいさんとガン」第4時』

情景描写と心情

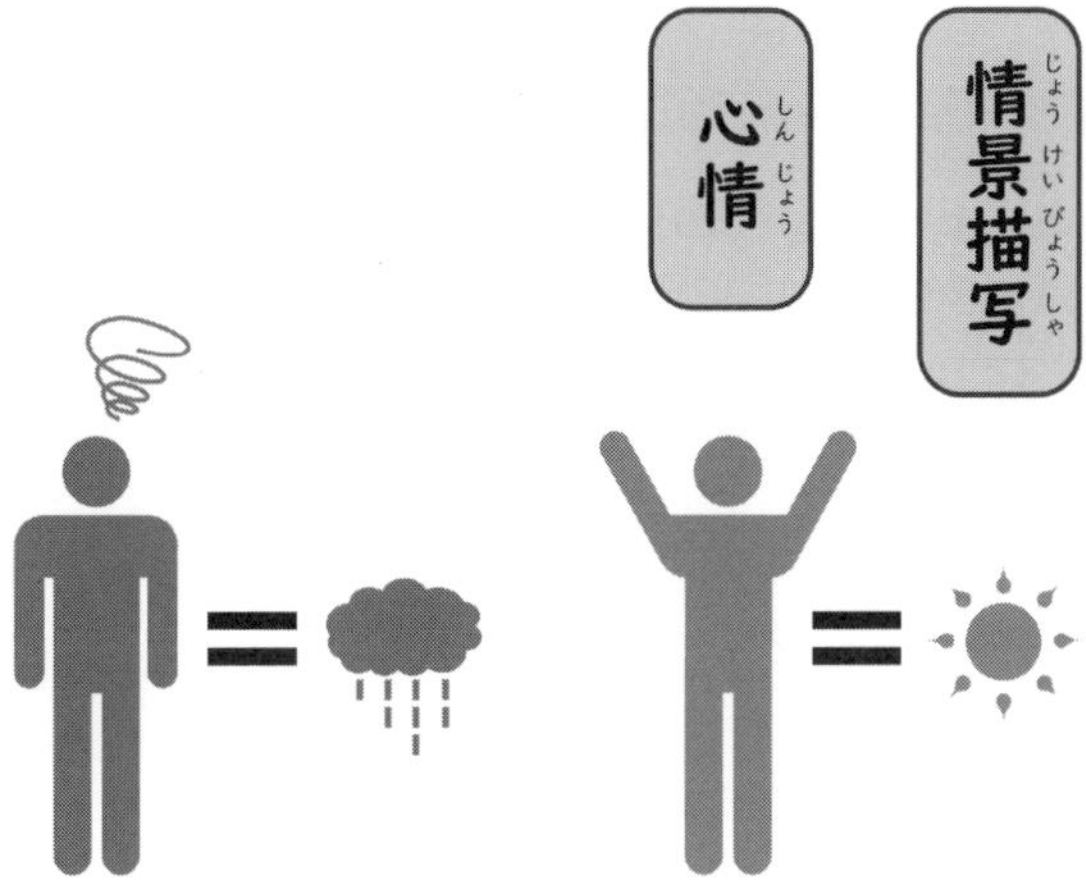

心情とは、気持ちのことです。「うれしい」などと具体的に表現されている場合と、「○○は顔をふせた」などと登場人物の行動などで抽象的に表現されている場合もあります。

情景描写が登場人物（特に中心人物）の心情を抽象的に表現している場合があります。たとえば、情景描写から読み取れる色は、登場人物の心情をイメージさせる色になります。

【発問や指示などの例】 読む学習の場合

『大造じいさんとガン』「あかつきの光が、小屋の中に、すがすがしく流れこんできました。」の文を示して

発問1　これは、大造じいさんのどんな心情を表していると言えますか。ノートに「大造じいさんの○○の気持ち」と書いてごらんなさい。

（大造じいさんの闘争心があふれる気持ち、など）

参考文献：「分析批評」で授業を変える（向山洋一／明治図書）、ＴＯＳＳランド（ＩＤ ablaif7thlnyfzxd）椿原正和『初心者のための分析批評全授業記録「大造じいさんとガン」第4時』

あらすじ

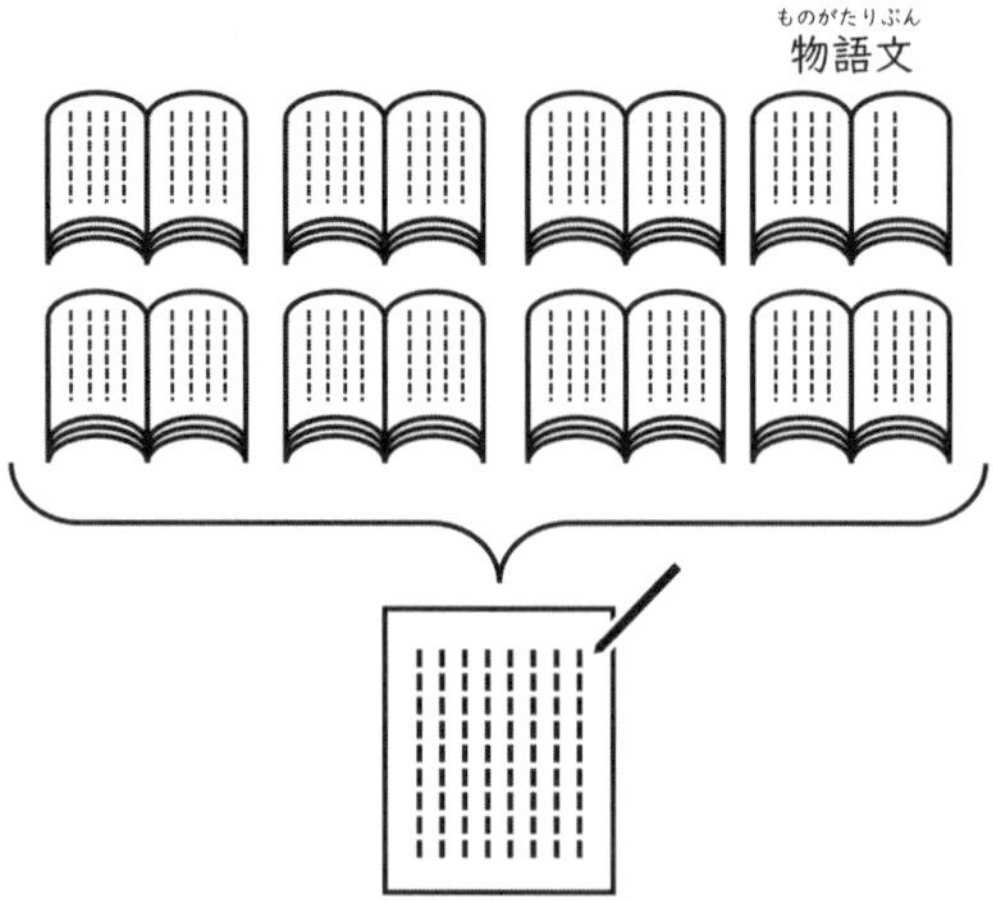

あらすじとは、物語の展開を簡単にまとめたもののことです。事件ごと、時間や場所などの設定を捉え、登場人物の行動や心情などをまとめると良いでしょう。

あらすじは、説明文の「要約」に似ていると言えます。どちらも大意を捉えるからです。授業であらすじを書かせる際は、事件ごとに書かせ、そのつど確認するなど、スモールステップでの展開が有効です。

【発問や指示などの例】 書く学習の場合

『ごんぎつね』

説明1 このお話のあらすじを書きます。

指示1 事件①はどこからどこまででしたか、お隣と確認してごらんなさい。

説明2 あらすじは、「〜が、〜した。」、「〜は、〜と思った。」というように、一文は短くして書いていきます。

指示2 まず、事件①だけやります。設定や登場人物の行動や心情を、簡単にまとめてごらんなさい。

参考文献：国語教育指導用語辞典 第五版（田近洵一、井上尚美、中村和弘／教育出版）、小学校の「国語・読解問題」を9つのコツで完全攻略（編・向山洋一 著・伴一孝／PHP研究所）

コラム 2

音読は変化のある繰り返しで

音読は、「変化のある繰り返し」でさせると効果的です。子どもが飽きることなく取り組め、みるみる上達するからです。たとえば詩の音読なら、次のように進めると良いでしょう。

❶ 追い読み

教師が1行読み、その行を子どもたちに繰り返させます。教師が読んで、子どもたちが読む、というように、教師を追いかけるように最後の行まで読みます。

❷ 交代読み

次に、1行ごとに交代して読んでいきます。教師が1行目を読んで、子どもたちが2行目を読む、3行目を教師が……という具合に最後の行まで読みます。次に子どもたちが1行目を読んで、教師が2行目を読む……、というように進めます。これが「教師との交代読み」です。

この方法は応用がききます。男子と女子で行う「男女交代読み」。席の右と左で行う「右側と左側の交代読み」。教室を真ん中で分けて「窓側と廊下側の交代読み」、などのパターンが可能です。

❸ たけのこ読み

次に、「自分の読みたい行」を一つを選ばせ、その行の上に丸印を書かせます。全体で読んでいくとき「自分が選んだ行だけ読む。読むときには立つ」というようにします。子どもたちが方々で立って読む姿は、まるでたけのこが伸びるようです。その後、「自分の読みたい行」を一つ増やし、再度たけのこ読みをします。

これらの音読の他にも、全員で同時に読む「一斉読み」、各自が最も速いスピードで読む「新幹線読み」などがあります。読解の学習では、教材文を十回は読ませると良いでしょう。

連

矢のように
鳥たちが飛んでいく
北をめざして

第一連

太陽が目を閉じて
雨が降り
雪が降る

第二連

それでも前を向き
飛び続ける鳥たち

第三連

負けるな
負けるな
炎の心を持ち続けろ

第四連

連とは、詩の中のまとまりのことです。連と連との間は、行を空けて区切ります。最初の連を第一連（または一連）と言い、次いで第二連（二連）、第三連（三連）……と言います。

連は、詩の構成上、大きな意味を持ちます。たとえば、時間の流れや視点の移動を表したり、起承転結を表したり、話者の感動の中心や、感動に至る過程や理由などを表したりします。

【発問や指示などの例】 読む学習の場合

指示1 第一連はどこですか。両手の人差し指で挟んでごらんなさい。

指示2 全部で何連ありますか。それぞれの連を鉛筆で囲んでごらんなさい。
（四連）

指示3 第一連から第四連までの中で、他とは違う連があります。それはどれですか。一つ選び、理由もノートに書いてごらんなさい。

参考文献：「分析批評」で授業を変える（向山洋一／明治図書）、新国語授業を変える「用語」（白石範孝／文溪堂）

比喩

①

矢(や)のように
鳥(とり)たちが飛(と)んでいく

②

炎(ほのお)の心(こころ)を持(も)ち続(つづ)けろ。

比喩とは、ある物事を、別の物事を使ってたとえる表現技法のことです。レトリックの一つです。ある物事と別の物事の間には、類似点や共通点や関連があるのが特徴です。

「〜のような」や「まるで〜」という言い方をする比喩を直喩と言います。それらの言葉を使わない比喩を隠喩と言います。また、擬人法も比喩の一種と言えます。

【発問や指示などの例】 **書く学習の場合**

［上のイメージ図を示して］

発問1　「矢のように鳥たちが飛んでいく」とあります。鳥たちがどう飛んでいくのですか。次の書き方でノートに書いてごらんなさい。

「矢のように〜鳥たちが飛んでいく。」

（「矢のように速く鳥たちが飛んでいく。」など）

参考文献：向山型国語教え方教室２０１５年３―４月号№０８４号（明治図書）、国語教育研究大辞典（国語教育研究所／明治図書）

体言止め

①
飛び続ける鳥たち

②
仁王立ちする鬼。

体言止めとは、文末を体言（名詞）にする表現技法のことです。名詞止めとも言います。レトリックの一つです。なお、レトリックとは何かを説明する際、「文のおしゃれのことです」と表現すると、子どもは理解しやすいでしょう。

文末を体言（名詞）にすることで、その言葉を強調します。また、文章にリズムが生まれます。なお、向山型要約指導では、通常の文を体言止めの文にすることが必須のスキルです。

【発問や指示などの例】 書く学習の場合

［上のイメージ図を見せて］

発問1 話者が特に感動しているのは、飛び続けることと鳥たちのどちらですか。ノートに書いてごらんなさい。

（「鳥たち」の方）

発問2 それはなぜですか。理由を書いてごらんなさい。

（体言止めで強調しているから）

参考文献：向山型国語教え方教室２０１５年３－４月号№０８４号（明治図書）

倒置法

①
鳥たちが飛んでいく
北を目指して
鳥たちが飛んでいく

②
ぼくにはわからない。

君の考えが。

ぼくにはわからない。


倒置法とは、言葉や文の順番を、通常とは逆にする表現技法のことです。レトリックの一つです。倒置法には、主語と述語を逆にするものや、修飾語と被修飾語を逆にするものなどがあります。

倒置法は、特に話し言葉では先の語句を強調したり、書き言葉では後の語句の余韻を残したりします。また、倒置法を使うと文章にリズムが生まれます。

〔発問や指示などの例〕 読む学習の場合

［上のイメージ図を示して］

発問1 余韻を残すのは、1行目と2行目のどちらですか。

（2行目）

発問2 「北を目指して」には、どのようなイメージがありますか。理由とともに、ノートに書いてごらんなさい。

（挑戦するイメージ。北に行けば行くほど寒いから。など）

参考文献：向山型国語教え方教室2015年3－4月号No.084号（明治図書）、国語教育研究大辞典（国語教育研究所／明治図書）

擬人法

①太陽が目を閉じて

②魚がおどる。

擬人法とは、人間以外のものを、人間のように扱う表現技法のことです。レトリックの一つです。無生物を生き物のように扱う「活喩」と非常によく似ています。

擬人法は比喩の一種です。人間の動作や状態などを、人間以外のものに使うことで、強調したり、イメージを伝えやすくしたりします。また、使うことで親しみやおかしみも生まれます。

【発問や指示などの例】 読む学習の場合

［上のイメージ図を示して］

発問1 「太陽が目を閉じて」とあります。これはつまり、どういう様子だと考えられますか。三字以内でノートに書いてごらんなさい。

（「くもり」、「夜」、「真っ暗」、「やみ」など）

［書いた子を全員立たせ、一人ずつ発表させる。全く同じ意見が発表されたなら、座らせる］

参考文献：向山型国語教え方教室2015年3－4月号№084号（明治図書）、国語教育研究大辞典（国語教育研究所／明治図書）

リフレイン

リフレインとは、文章中で同じ言葉を繰り返して使用する表現技法のことです。リフレーンや畳句などとも言います。レトリックの一つです。

同じ語句を繰り返すことで、その語句を強調したり、リズムを生み出したりします。詩によく見られる表現技法です。

①
負けるな
負けるな

②
私は走り出す。
私は走り出す。

【発問や指示などの例】 **読む学習の場合**

［「連」のイメージ図を提示して］

発問1 第四連で強調されている言葉は、何ですか。
（負けるな）

発問2 それはなぜですか。
（リフレインだから）

発問3 話者は、なぜ「負けるな」を強調したのでしょうか。理由を自由に予想して、ノートに書いてごらんなさい。
（飛んでいる鳥たちに、自分の姿を重ねたから。など）

参考文献：向山型国語教え方教室2015年3—4月号No.084号（明治図書）、国語教育研究大辞典（国語教育研究所／明治図書）

対句

①
雨が降り
雪が降る

②
花は生き生きと咲き、
草は青々としげる。

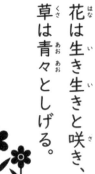

対句とは、似たような言葉を並べる表現技法のことです。レトリックの一つです。対応する言葉は、音数がほとんど等しく、対照的な意味であるのが特徴です。

対句により、二つ（または二つ以上）の言葉を強調したり、印象を強めたりします。また、文章にリズムが生まれます。

【発問や指示などの例】 **書く学習の場合**

説明1 「雨が降り、雪が降る」。このような表現を「対句」と言います。言ってごらん。
（対句）

指示1 同じように対句を使い、ノートに文を書いてごらんなさい。
（「犬が走り、ねこがころぶ。」、「ぼくはラーメンを食べて、君はぎょうざを食べる。」など）

参考文献：向山型国語教え方教室2015年3-4月号No.084号（明治図書）、国語教育研究大辞典（国語教育研究所／明治図書）

コラム3
国語の授業の仕方を知らなかった若手教師

七、八年ほど前のことです。勤務校の懇親会の席で、二十代の先生二人から相談されました。
「国語の授業って、どうやって進めるのですか。算数なら教科書を見て、何となく授業できます。でも、国語はよくわかりません。特に物語文をどう授業すれば良いか、わからないんです」

「智彦先生、一度、国語の授業を見せてくれませんか」

当時担任を持たず副教務主任だった私には、願ってもないチャンスです。その若手の先生方のクラスを借りて、『大造じいさんとガン』の授業を一単元すべて行うことになりました。

せっかくの機会なので、教材研究に力を入れました。行ったのは「百発問作り」です。教科書見開き2ページで百個の発問を考えるという、向山洋一氏が提唱した方法です。私はこれで九百個の発問を作りました。本当は千個作りたかったのですが、当時の私の技量では無理でした。

自分なりに力を入れて教材研究をしたおかげでしょうか。授業は盛り上がりました。子どもたちは「おもしろい」と言っていました。

若手の先生方は、百発問作り以外に、たとえば次のことに驚いていました。

> ①教師が範読をすること（長い物語文教材なのに、ＣＤの朗読を使わないこと）
> ②題名の横に丸を十個描かせること（十回は教材文を読ませること）
> ③学習用語（「起承転結」や「テーマ」など）を使うこと

国語の授業では、どれも基本的なことです。しかし、若い先生方にとっては、私の授業を見て初めて知ったことだったのです。

教員の平均年齢がどんどん下がる現在の学校現場では、こういった「授業の基本的なこと」も、共有していかねばと思っています。

季語

①時候 ②天文・地理 ③生活・行事 ④動物 ⑤植物

春

①彼岸 ②春の海 ③花見 ④蛙（かえる） ⑤菜の花 など

夏

①秋近し ②五月雨 ③田植え ④蝉 ⑤万緑 など

秋

①夜長 ②名月 ③七夕 ④さんま ⑤朝顔 など

冬

①大晦日 ②雪 ③風邪 ④うさぎ ⑤梅 など

季語とは、俳句で季節を表す言葉のことです。季語の数は約一万八千ほどあると言われます。季語を調べる場合は、歳時記が役立ちます。

俳句の授業の導入には定石があります。すなわち、俳句を各自に読ませたあと、①季語を問い、②季節を問い、③強調されている言葉を問い、④その理由を問います。

【発問や指示などの例】 読む学習の場合

［閑さや岩にしみ入る蝉の声］

指示1 季語は何ですか。指を置いてごらんなさい。（「蝉」もしくは「蝉の声」）

指示2 季節は何ですか。ノートに書いてごらんなさい。（夏）

指示3 強調されている言葉は何ですか。丸で囲んでごらんなさい。（閑さ、蝉の声）

指示4 なぜそれらの言葉が強調されているとわかるのですか。理由をノートに書いてごらんなさい。

参考文献：教え方のプロ・向山洋一全集50向山型国語の授業の実践記（向山洋一／明治図書）、東京新聞（https://www.tokyo-np.co.jp/article/168233）、伴一孝の教師道1（伴一孝／東京教育技術研究所）

切れ字①

や　だなぁ　詠嘆（えいたん）

〜よ　呼（よ）びかけ

かな　だなぁ　詠嘆（えいたん）

けり　だなぁ　詠嘆（えいたん）

切れ字とは、俳句の切れ目に使われる言葉のことです。俳句の表現技法の一つで、詠嘆を表します。現代の俳句では、「や」「かな」「けり」が主な切れ字です。

俳句の授業では、「強調されている言葉」を扱います。切れ字がある場合、その直前の言葉が強調されている言葉です。

【発問や指示などの例】 **読む学習の場合**

［閑さや岩にしみ入る蝉の声］

指示1　強調されている言葉は何ですか。丸で囲んでごらんなさい。
（「閑さ」と「蝉の声」）

指示2　なぜ強調されているとわかるのですか。理由をお隣の人と言い合ってごらんなさい。
（それぞれ、切れ字と体言止めが使われているから）

参考文献：教え方のプロ・向山洋一全集50向山型国語の授業の実践記（向山洋一／明治図書）

切れ字②

古池や
蛙飛びこむ
水の音

初句切れ

草山に
馬放ちけり
秋の空

二句切れ

雪とけて
村いっぱいの
子どもかな

句切れなし

切れ字とは、俳句の切れ目に使われる言葉のことです【前掲】。俳句の表現技法の一つで、詠嘆を表します。現代の俳句では、「や」「かな」「けり」が主な切れ字です。

切れ字は「切れ」を生み出します。句に余韻を与えます。「や」は上の句に、「かな」と「けり」は末尾に使われることが多いです。

【発問や指示などの例】 **読む学習の場合**

[万緑の中や吾子の歯生え初むる]
（切れ字と強調されている言葉を確認したあと）
説明1　二句の途中に切れ目があることを、「中間切れ」と言います。
発問1　「万緑の中や」と「万緑の中で」とは、意味がどう違いますか。
（「万緑の中や」の方が、季節を強調している。など）

参考文献：教え方のプロ・向山洋一全集50向山型国語の授業の実践記（向山洋一／明治図書）、俳句の教科書（https://haiku-textbook.com/kugire/）

強調（感動の中心）

古池や　（切れ字で強調）
蛙飛びこむ
水の音　（体言止めで強調）

草山に
馬放ちけり　（切れ字で強調）
秋の空　（体言止めで強調）

雪とけて
村いっぱいの
子どもかな　（切れ字で強調）

強調とは、俳句の中で特に目立つように表現することです。俳句では、切れ字による強調と、体言止めによる強調などがあります。また、係り結びによる強調もあります。

強調は、話者の感動の中心とも表現できます。「話者は何に感動したのか」ということを検討するのが、俳句の授業の楽しさの一つです。

【発問や指示などの例】 読む学習の場合

［古池や蛙飛びこむ水の音］

発問1　話者が感動しているのは何ですか。予想してノートに書いてごらんなさい。
（「古池」、「水の音」、「静かさ」など）

発問2　話者には、蛙が見えていますか。理由もノートに書いてごらんなさい。
（見えていない。見えていないから、「水の音」を強調している。など）

参考文献：教え方のプロ・向山洋一全集50向山型国語の授業の実践記（向山洋一／明治図書）、TOSSランド（ID　aapfi7qjbfz2jksi）松本隆行『「古池や蛙飛びこむ水の音」で100発問』

書き抜く

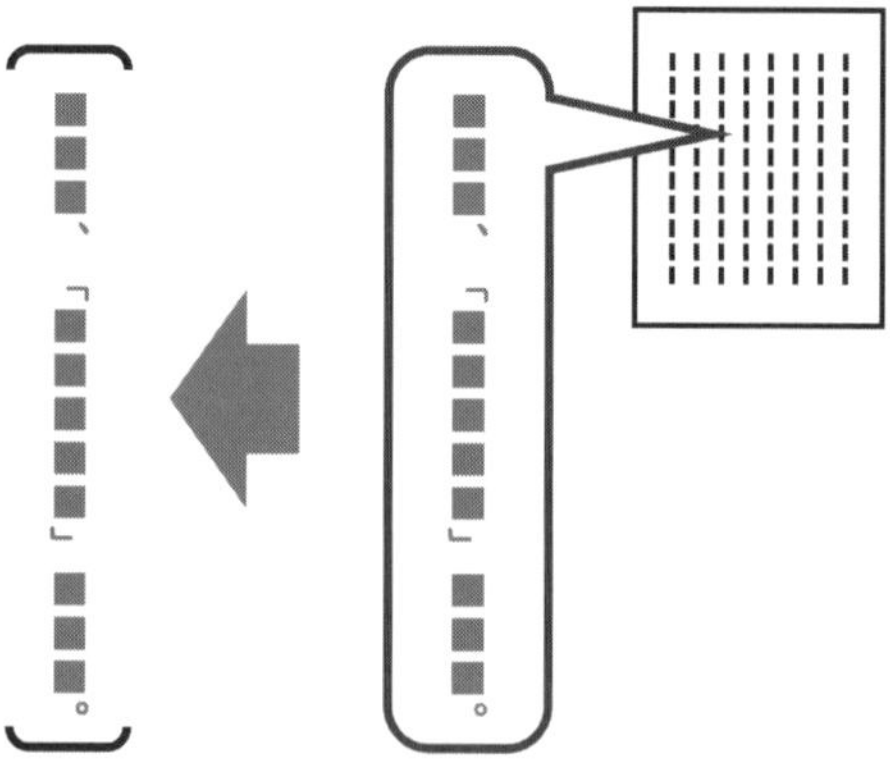

書き抜くとは、文字も記号もそっくりそのまま書いてあるとおりに写すことです。引用と同義とも言えます。ひらがなを漢字に直したり、漢字をひらがなに直したりすることは誤りです。

「書き抜く」問題は、たとえ一字でも書き間違えば誤答となります。また、「文を書き抜きなさい」という問題文では、一文を丸ごと書き写します。文の途中から写せば誤答となります。

【発問や指示などの例】 読む学習の場合

[教科書の、あるページを指定して]

指示1　このページの最初の文を、ノートに書き抜いてごらんなさい。

[書かせたら、教師もその文を板書し、当たっていたら一字ずつ赤丸をつけさせる。最後の句点も確認する]

指示2　同じページで、指示語が使われている文を書き抜いてごらんなさい。

[ノートを持って来させ、丸をつける]

参考文献：国語テストの〝答え方〟指導～基本パターン学習で成績UP～（遠藤真理子／学芸みらい社）

名詞で答える

問題文（もんだいぶん） → **答え**（こたえ）

- いつ → **時間**（じかん）など
- どこ → **場所**（ばしょ）など
- だれ → **登場人物**（とうじょうじんぶつ）など
- 何（なに） → **物**（もの）など

体言止め（たいげんどめ）

名詞で答えるとは、設定や名詞を問う問題に、体言止めで答えることです。たとえば物語文の「いつ」「どこ」などの設定を問われたら、「時刻」「場所」などを表す名詞で答えます。

問題文で何が問われているかを考え、問われているものが名詞なら、答えも名詞（体言止め）で答えます。本文に同じ名詞が使われている場合が多いので、答えやすいでしょう。

【発問や指示などの例】 読む学習の場合

［『すがたを変える大豆』一文目を読ませて］

指示1　「調理されて出てくるざいりょうを書きなさい。」という問題文を提示する。

（肉・野菜などのざいりょう。）

指示2　「肉・野菜」とだけ答えるのではありません。問いに使われている言葉が文にありますね。この場合「ざいりょう」という言葉を文末に置いて、体言止めで答えることが大事です。

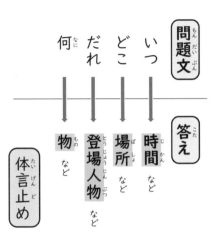

参考文献：国語テストの〝答え方〟指導～基本パターン学習で成績UP～（遠藤真理子／学芸みらい社）

動詞で答える

問題文

桃太郎は鬼を**どうしましたか**。

答え

退治した。

常体

動詞で答えるとは、「どうする」や「どんなだ」などの述語を問う問題に、動詞で答えることです。基本は常体で答え、問われている時制（現在形や過去形など）に合わせます。

問題文の文末が「どうなっていますか。」や「どうしましたか。」などになっていれば、動詞で答えます。問いの文末に着目させる指導が必要です。

【発問や指示などの例】 **読む学習の場合**

［『ちいちゃんのかげおくり』一文目を読ませて］

指示1 「お父さんは、ちいちゃんに、『かげおくり』をどうしましたか。」という問題文を提示する。

（教えた。）

説明1 どうしたと聞かれているので、「教えてくれた。」とは答えません。「教えました。」と敬体でも答えません。

参考文献：国語テストの〝答え方〟指導～基本パターン学習で成績UP～（遠藤真理子／学芸みらい社）

形容詞で答える

問題文

花は、**どんな様子**で咲きましたか。

答え

生き生きとした様子。

形容詞で答えるとは、「どんな○○」や「どういう○○」などの名詞の修飾を問う問題に、形容詞で答えることです。基本は文末に「○○」（名詞）をつけて答えます。

文末に「○○」（名詞）をつけて答えるのが基本ですが、答えにくい場合は、文中の言葉をそのまま使って答えるようにします。授業では、簡単な文を使って練習させると良いでしょう。

【発問や指示などの例】 読む学習の場合

〔『ちいちゃんのかげおくり』三文目を読ませて〕

指示1 「お父さんは、どんな空を見上げましたか。」という問題文を提示する。

（青い空。）

指示2 「「青い空を見上げながら、お父さんはどんなことをしましたか。八字で書きぬきましょう。」という問題文を提示する。

（つぶやきました。）

参考文献：国語テストの〝答え方〟指導～基本パターン学習で成績UP～（遠藤真理子／学芸みらい社）

副詞で答える

問題文

鳥たちは**どのように**飛び続けましたか。

答え

前を向き。

副詞で答えるとは、「どのように〇〇」や「どうやって〇〇」などの動詞の修飾を問う問題に、副詞で答えることです。答えるときは、動詞を含まず、副詞だけ書きます。

答えを見つける際は、問われている述語部分（たとえば、「どのように〇〇」という問いの文の「〇〇」に当たる動詞）を探します。答える際は、その副詞を書くだけです。

【発問や指示などの例】 **読む学習の場合**

『ちいちゃんのかげおくり』「目の動きといっしょに、白い四つのかげぼうしが、すうっと空に上がりました。」という文を読ませて

指示1 「白い四つのかげぼうしは、どのように空に上がりましたか。」という問題文を提示する。

（すうっと。）

説明1 これ以外に書いたら間違いです。

参考文献：国語テストの〝答え方〟指導～基本パターン学習で成績UP～（遠藤真理子／学芸みらい社）

理由や目的を答える

理由や目的を答えるとは、「なぜ」や「どうして」などの言葉で問われた問題に、「から」や「ので」や「ため」などをつけて答えることです。

理由を答える場合は、「から」、「ので」、「ため」のどれを用いても構いません。しかし、目的を答える場合は、「ため」を用いて答えると良いでしょう。

【発問や指示などの例】 読む学習の場合

『ちいちゃんのかげおくり』「けれど、いくさがはげしくなって、かげおくりなどできなくなりました。」という文を読ませて

指示1 「かげおくりなどができなくなったのは、なぜですか。」という問題文を提示する。

（いくさがはげしくなったから。）

説明1 文末は「ので」や「ため」でも良いです。

参考文献：国語テストの〝答え方〟指導〜基本パターン学習で成績UP〜（遠藤真理子／学芸みらい社）

問題文

なぜ
どうして

答え

〜から。
〜ので。
〜ため。

書き直して答える

問題文

普通の言い方になるように**一文に**しましょう。

鳥たちが飛んでいく。
北を目指して。

答え

北を目指して鳥たちが
飛んでいく。

書き直して答えるとは、問題で問われているとおりに、「ふつうの言い方」にしたり、二文を一文にしたりするなど、直すべきところだけを直して答えることです。

書き直して答える問題には、たとえば文全体を書き直す、文末だけを書き直す、語句などを書き直すなどの問題があります。「直すべきところだけ直す」というのが最大のポイントです。

【発問や指示などの例】 読む学習の場合

「鳥たちが飛んでいく。北を目指して。」という文を提示して

指示1 「言葉の順序を入れかえて表現を強調した文章です。ふつうの言い方になるように、一文で書きかえなさい。」という問題文を提示する。

（北を目指して鳥たちが飛んでいく。）

説明1 直すべきところ以外、直してはいけません。勝手に変えたら0点です。

参考文献：国語テストの〝答え方〟指導～基本パターン学習で成績UP～（遠藤真理子／学芸みらい社）

コラム4

科学的知見から見る『イメージ図』

視覚化する

学習用語の多くは抽象的です。抽象的なので、説明だけでは子どもに定義や使い方が伝わりにくい、という欠点があります。

そこで必要なのが「視覚化」です。視覚化とは、「目に見えない抽象的な事などを、見てわかるような形にして示すこと」（『精選版 日本国語大辞典』）です。

具体例が大事

また、具体例を使用して抽象的な概念を補足すると、理解しやすく、覚えやすくなります。

アメリカのケント州立大学教授のキャサリン・A・ローソン氏らによる研究では、定義のみを勉強した学生よりも、例示的な学習を行った学生の方が、テストの結果が良かった、という結果もあります。※1

イラストなどによるイメージの形成

「Dual Coding」という考えがあります。日本語では「二重符号化」などと訳されます。これは、「文字情報だけよりも、簡単なイラストなどを加えたほうが学習を強化する」という考えです。※2

この考えを提唱した心理学者のアラン・パイヴィオ氏は「イメージの形成が学習を助ける」とも述べています。※3

これらのことより、学習用語を子どもに指導する際は、次のことが大事だと言えます。

① 学習用語を「視覚化」する。
② 学習用語の「具体例」を提示する。
③ 学習用語の「イメージを形成」させる。

本書で扱っている「イメージ図」は、この3点で有効だと考えています。

※1　認知心理学者が教える「効果的な学習のための6つの戦略」 https://studyhacker.net/six-strategies　※2　Six Strategies for Effective Learning https://static1.squarespace.com/static/56acc1138a65e2a286012c54/t/57d03e669de4bbd3567d57a6/1473265254536/All-Color-Posters.pdf　※3　1と同様

国語における「指導用語」

国語における「指導用語」とは、国語の授業で教師が用いたり子どもに教えたりする、指導方法や学習内容などを表す語句のことです。国語に限らず、授業一般で用いられる語句もあります。

「話すこと・聞くこと」の指導用語

●お隣と相談

席の隣同士で相談することです。授業において、教師の発問に対して子どもに思考させる一つの手段として、「お隣と相談してごらんなさい」という指示が有効です。この場合の相談とは、「自分の意見を言い、相手の意見を聞くこと」です。意見が言えない場合は、意見を聞くだけでも良しとします。教師が一人の子だけを指名して意見を言わせる状況とは違い、全員が意見を言うことになるので、子どもが授業に集中する効果もあります。なお、「近くの人と相談してごらんなさい」と指示する場合もあります。

●列指名

教師が教室のある一列を選び、その列の全員に順に発言させることです。一人を指名して発言させるのではなく、複数の子に発言の機会を与えることができます。また、挙手指名（子どもが挙手し、挙手した子だけを教師が指名すること）よりも、どの列が指名されるか子どもはわからないため、緊張感が生まれます。また、全員を発言に慣れさせるためにも極めて有効な方法です。なお、列指名での音読もあります。たとえば俳句を音読させる際、「五列目、起立」と列指名をして、同じ句を一人ずつ読ませます。

●指名なし発言

教師が指名せず、子どもたちが自ら起立して次々と発言する方法のことです。指名なし発表とも言われます。誰かが立って発言しているときは、全員が座って聞くようにします。なお、指名なし発言に限らず、発言させるときは、自分の意見をノートに書かせた上で行うことが大切です。

●討論

自分の立場を明らかにして、意見を出し合って議論することです。討論では、ある議題（発問）に対し、賛成・反対など二つの異なる立場に分かれることが基本です。立場が三つ以上だと、討論が格段に高度になります。討論に突入する前に、自分の意見を箇条書きでノートにたくさん書いておくことが必要です。また、討論では、全員で一つの結論を出したり、考えをまとめるということはしません。討論の最大の目的は、「解釈コード（解釈規則）」と呼ばれる個々の考え（解釈）を知り、思考や理解を深めることです。したがって、討論後も一人一人の立場が異なっているのが普通です。なお、結論を出す話し合いは討議と呼ばれ、代表的なものは学級会での話し合いです。

●指名なし討論

教師が指名したり口を挟んだりせず、子どもたちが自ら起立して発言する討論のことです。指名なし討論を行う前提として、指名なし音読や指名なし発言ができる状態であることが必須です。

●スピーチ

あるテーマについて、人前で語ることです。事前に話の構成を考えて原稿を書きますが、スピーチ中は原稿を見ず、聞き手に目線を飛ばすことが重要です。子どものスピーチ力が高まると、授業での発言力も向上します。なお、写真やパソコンの画像などの視覚情報を用いて語ることは「プレゼンテーション」と呼ばれます。授業では、プレゼンテーションもスピーチの一つであると、広義に捉える場合もあります。

●スピーチ検定

子どものスピーチに教師が点数や級をつける検定のことです。スピーチ検定を行うと、子どもの発言力が飛躍的に高まります。検定の指標は、「TOSS授業技量検定」におけるD表の評価項目をもとに作ると良いでしょう。たとえば次の通りです。①スピーチの始まり15秒のつかみ［10点］、②聞き手への目線［10点］、③笑顔、聞き手への対応［10点］、④明確な質問、指示［10点］、⑤心地よいリズム［10点］、などです。級をつける際は、「50点－数＝級」というような数式で計算すると、シンプルで、子どもにもわかりやすくなります。

●ショー・アンド・テル（show & tell）

自分の大切な物や気に入っている物などを見せながら、人前で語ることです。スピーチの一種と言えます。

その物について、「気に入っているところ」、「手に入れた経緯」、「紹介したかった理由」などを話します。特に低学年においては、話したり聞いたりする上で、極めて有効な学習方法と言えます。

●筆談

しゃべらず、書いて会話のようにやりとりをすることです。発言や作文の練習になります。向山洋一氏は、筆談を「お話鉛筆」と表現しました。「お隣の人と鉛筆でお話ししてごらんなさい」、「絶対にしゃべってはいけません。すべて鉛筆で書いてお話しします」と指示して、ノートなどに書かせます。話すこと・聞くことの学習において、発言や会話が苦手な子でも取り組める、効果的な方法です。

●話のメモを取る

教師の話や友達の発言をノートなどに書き留めることです。書く活動とも言えますが、話したり聞いたりする上で極めて大事なスキルです。メモには、聞いた語句をそのまま書くメモと、聞いた内容を短くまとめて書くメモがあります。特に討論においては、反論をするために、自分と異なる立場の意見をメモしておくことが大切です。

「読むこと」の指導用語

●音読

文章を声に出して読むことです。ぶつぶつと独り言のように読む「微音読」というものもあります。

●朗読

聞き手に聞かせるために工夫して音読することです。通常、読解の学習で内容を深く理解してから行います。

●範読

教師が文章を読むことです。通常、授業で扱う教材文を最初に範読し、漢字などの語句の読み方や、間の取り方や抑揚などを教えます。範読中は子どもに鉛筆を持たせ、意味のわからない語句に丸をつけさせるようにすると、より集中して範読を聞くようになります。

●追い読み

教師が文章を音読し、続けて子どもが同じ文章を音読することです。たとえば教師が一文目を読んだら、子どもも一文目を読み、次に教師が二文目を読んだら、子どもも二文目を読む、という具合に進みます。

●交代読み

教師が文章を音読し、続けて子どもが次の文章を音読することです。たとえば教師が一文目を読んだら、子どもが二文目を読み、教師が三文目を読む、という具合に進みます。教師と子どもの交代読みだけでなく、男女の交代読み、教室を二分して窓側と廊下側の交代読みなど、多数のバリエーションがあります。また、一文ずつの交代読みだけでなく、詩では1行ごとの交代読み、説明文や物語文などでは一段落ごとの交代読みもあります。

●たけのこ読み

自分で決めた文や行を立って音読することです。クラス全体で一斉に音読する際、あらかじめ子どもに音読したい文や行などを自分で決めさせておきます。通常、その文や行の上に丸印を書かせます。そしてその文や行を読む番になったときのみ、立って音読させます。自分が読まないときは、着席させておきます。子どもがぴょこぴょこと立って音読する姿が、たけのこが生えるように見えます。最初は一つの文や行、二回目はもう一つの文や行という具合に、音読場面を増やしていきます。

●新幹線読み

高速で一人で音読することです。通常、何度も音読し、一字一句正確にすらすら読めるようになった上で行います。説明文や物語文などの場合、子どもに時間を計測させると、読みの速さが上がっていくことがメタ認知できます。

●斉読

集団で声を合わせて一斉に音読することです。「一斉音読」とも言います。一人一人が教材文を何度か音読しており、ある程度上達した状態で行うことが基本です。

●指名なし音読

教師が指名することなく、子どもが読みたい文を自由に立って音読することです。斉読とは異なり、全員が全文を読むのではなく、読みたい文に絞るというのが特徴です。たとえある文を二人以上で読んでも構いません。「集団で読んでいるのに、まるで一人が読んでいるような音読」を目指させると良いでしょう。

●暗唱

文章を暗記して発することです。「空で言う」「諳んずる」とも言います。暗唱の効果は様々あり、とりわけ文章を書く力をつけるためには最も良い方法だと言われています。子どもが暗唱に慣れていない場合は、まずは最初の一文だけ取り上げて暗唱させたり、「文章を三十回読んでみるといい」などと目安を提示したりすると良いでしょう。

●暗唱テスト

暗唱が滑らかに、流れるようにできているか、教師が合否を評定するテストのことです。暗唱テストでは、一人ずつ受けさせ、少しでもつっかえたら不合格とし、厳しく評定することが大切です。厳しくした方が子どもは文章を正確に覚えようと努力し、何度も暗唱に挑戦します。そして合格したときには大喜びし、大きな達成感を得ます。なお、合格した子に教師の代わりをさせて、テストする場を増やす方法もあります。

●黙読

文章を声を出さずに読むことです。国語の授業では教材文の音読を基本としつつ、何度か練習してすらすら読めるようになった上で黙読に移行すると良いでしょう。なお、小学校低学年の子どもは特に、音読しないと文意が理解できない場合があります。「静かに読みなさい」などと黙読を強要しないことが大切です。

●被せ読み

追い読みや交代読みなどの際に、子どもの音読に少し被せて教師が次の文を音読することです。たとえば『いろは歌』の追い読みの際、「いろはにほへと　ちりぬるを」と教師が読み、子どもが「いろはにほへと　ちりぬるを」と読み終わる直前に、「わかよたれそ　つねならむ」と教師が次を読み始めます。こうすることでリズムとテンポが良くなり、子どもの音読に緊張感が出ます。

●両手で持つ

音読する際、教科書やプリントなどの端を両手で持つことです。教科書を座って音読する際は、開いた教科書の端を両手で持ち、背表紙の下を机の上に乗せて「三点」で教科書を固定します。これで姿勢が安定し、声が出やすくなります。

●丸を十個

説明文や物語文などの題名の右側に、五円玉の穴くらいの大きさの丸を縦に十個描くことです。一回音読するたびに一つ赤鉛筆で塗ります。こうすることで何回音読したか記録になり、子どもの意欲の向上にもつながります。なお、範読を聞かせた際にも一つ塗らせます。

●一字読解

説明文や物語文をもとに教師が簡単な発問をし、一つずつ子どもが答えを書いて、そのつど答えを確認していく学習のことです。「問い」と「答え」の基本を学ばせることが目的です。発問では、たとえば「題名は何ですか」「作者は誰ですか」「〇〇とは何ですか。答えを書き抜きなさい」などの簡単で基本的なことを問います。正解したら丸をつけさせ、不正解なら答えを写させます。教師は説明を極力省き、リズムとテンポよく進めることが大切です。

●向山型分析批評

物語文の学習において、「視点」や「対比」や「クライマックス」などの「解釈コード」と呼ばれるものを使って作品を分析したり、作品全体の構造を読み解いたりする方法のことです。向山洋一氏が実践し、全国に広まりました。学習の流れとしては、たとえば、①音読、②場面（事件）を分ける、③場面（事件）を要約する、④起承転結に分ける、⑤モチーフを検討する、⑥主題を検討する、という流れがあります。

「書くこと」の指導用語

●視写

文章をそっくりそのまま書き写すことです。視写には様々な効果があり、特に文章の書き方への理解が深まったり、書く速さが増したりする効果は大きいです。5分～10分ほどで行い、日々繰り返すことで、効果が高まります。

●聴写

聴いた文章をそっくりそのまま書き写すことです。視写の効果とともに、平仮名や片仮名、漢字を想起したり、文脈から判断して適切な漢字を考えたりする学習にもなります。

●直写

文字や文章や図表などを、トレーシングペーパーの上からなぞり、そっくりそのまま直に書き写すことです。ワーキングメモリが低く、視写や聴写が苦手な子には、極めて効果的な方法です。なお、「直写」は向山洋一氏の造語です。

●生活作文

日常での体験を書く作文のことです。優れた生活作文にするためには、次の指導が必要です。①時系列で書かせず、最も印象的な場面を具体的に書かせる。②書き出しを工夫させる。③場面や心情を説明させるのではなく、描写させる。

●記録文

事実を正確に書く作文のことです。記録文の基本は数値を入れることです。数値とは、たとえば日付、人数、時間、長さ、重さなどです。また、時系列に記すことが大切です。なお、記録文を書く上で、事実と意見（感想）の違いを知っていることが前提です。

●**報告文**

調べたことや研究したことを知らせるために書く作文のことです。フォーマットに沿って書くことが重要です。子どもにフォーマットを与えることで、書くべき内容を収集させたり、調べた内容の不足にも気づかせたりすることができます。

●**フォーマット**

型（構成、形式）のことです。報告文はフォーマットに沿って書きます。また、たとえば自己紹介文を書かせる際や、説明文を書かせる際なども、フォーマットを例示的に用いることで、どの子も文章を書くことができます。

●**達意の文**

意味の通じる文章のことです。たとえば、形容詞等はできる限り削除し、事実のみで書かれた文章です。作文指導の根本は、「うまい文章」を書かせるよりも、まず達意の文を書かせることだと言われています。句読点を正確に打つこと、主語と述語を対応させること、文末表現を常体か敬体に統一することなどは、達意の文を書く上での基本です。

●**一文一義**

一つの文に一つの内容だけ書かれているという意味のことです。一文一義にするためには、一文を短く書くことが大事です。また、そのために句点を多用することも大事です。

●**リライト**

文章を書き直すことです。特に、他人が書いた文章を書き直すことを指します。教科書に掲載されている説明文などにも、リライトした方が良い箇所があります。たとえば、説明文の「問いと答え」もその一つで、問いの文に正対するように答えの文をリライトする学習も行えます。

その他の指導用語

●**アイロンをかける**

教科書を開いて、両手を使って圧をかけることです。こうすることで、教科書に開き癖がついて勝手に閉じなくなり、子どもが学習に集中できます。通常、教科書を配付した際や、4月の第1時の授業で行います。なお、アイロンをかけるのは、たとえば100ページの教科書なら、まず半分に当たる50ページの部分、次に25ページの部分、最後に75ページの部分といった具合に、3箇所行います。

●変化のある繰り返し

学習を繰り返す上で、その方法を少しずつ変化させることです。教材文の音読の場合は、①教師との交代読み、②男女交代読み、③窓側の席と廊下側の席での交代読み、④たけのこ読み、⑤新幹線読み、などという具合に、同じ文章を読む場合でも読み方を変化させると、子どもが飽きません。なお、あらゆる学習は、「お手本の模倣」と「反復による習熟」で成り立ちます。

●指書き

漢字を覚える際に、人差し指で机の上に書くことです。指書きのポイントは、①手に何も持たず、②筆順を言いながら、③人差し指を机に押し付けて書くことです。また、覚えたと思ったら、④目を閉じて書く、⑤高速で書く、ということもします。鉛筆で漢字を書かないので、ワーキングメモリーに負荷をかけません。また、視覚や聴覚や触覚などマルチセンサリー（多感覚）で脳に入力するからこそ、漢字が苦手な子でも覚えやすくなります。指書きは、空書きやなぞり書きとともに、漢字の習得に極めて有効な方法です。

●空書き

漢字を覚える際に、人差し指で空中に書くことです。「空書（くうしょ）」とも言います。「そらがき」または「からがき」と読みます。指書きと同様、①手に何も持たず、②筆順を言いながら、漢字を書きます。また、空書きでは漢字を小さく書いてしまう子もいるので、「自分の顔と同じくらいの大きさで書きましょう。その方が覚えやすいです」と伝えると良いでしょう。なお、教師が教室前方に立ち、漢字の鏡文字を空書きして見せながら、子どもたちにも空書きさせる指導方法もあります。

●なぞり書き

漢字を覚える際に、お手本の漢字を鉛筆でなぞることです。指書きと同様、筆順を言いながら書きます。また、お手本の漢字をなぞる際は、漢字の形を正確に覚えるために、一ミリメートルもはみ出さずに書くことが大切です。ただし、手先の操作（微細運動）が苦手な発達性協調運動障がいの子もいるので、指導の際は場合に応じて、はみ出しを容認することも必要です。

●意味調べ

言葉の意味を辞書などで調べることです。わからない言葉、知らない言葉、知っていても他に意味がありそうな言葉を調べる場合に行います。通常はただ調べるだけの活動になりがちですが、次のようにすると言葉への理解がより深まります。①まず、辞書を引く前に意味を予想する。②次に、予想と本当の意味を比べて予想を評価する。（評価は、◎、○、△、×で。）③最後に、調べた字で短文を作る。

●個別評定

教師が一人一人を個別に評定することです。誰のどこが良くて、誰のどこが悪いかなど、具体的なポイントを示してはっきり伝えることで、子どもたちは繰り返し挑戦する熱中状態となり、学びが深まります。なお、個別評定をする上で、たとえばどのような答えを合格にするか、あるいは何点つけるかなど、教師は基準（採点基準）を明確に持っておかなければなりません。

●丸で囲む

鉛筆で文字や文などを囲むことです。囲まれた文字などが目立つので、視覚的にわかりやすくなります。また、丸で囲む作業は思考や理解を深めます。授業では、たとえば教科書の挿絵に対して、文章と対応する箇所を丸で囲む作業をすることで、文意を正しく捉えることができます。なお、丸で囲んだり線で結んだりすることは、『小学校学習指導要領（平成29年告示）解説　国語編』において、「図示することによって情報を整理すること」と意味づけられています。

●線で結ぶ

鉛筆で言葉と言葉や、段落と図表などを結ぶことです。線で結ぶものは、たとえば「同じ語句または同義語」、「対義語または対比の関係にあるもの」、「抽象表現と具体表現」、「文字情報（言葉）と視覚情報（図表）」など、対応しているもの同士です。線で結ぶ作業は、丸で囲む作業と同様に、視覚的にわかりやすくするだけでなく、思考や理解を深めます。

【参考文献・参考資料】

・子どもが論理的に考える！　〝楽しい国語〟授業の法則（向山洋一／学芸みらい社）
・向山型国語＝暗唱・漢字文化・五色百人一首（教え方のプロ・向山洋一全集77）（向山洋一／明治図書）
・物語文・詩文の効果的な指導スキル＆パーツ活用事典（谷和樹、許鍾萬／明治図書）
・向山型国語教え方教室２０１５年3―4月号№０８４号（明治図書）
・向山型国語入門Ｑ＆Ａ小事典（松藤司／明治図書）
・「国語」授業の腕が上がる新法則（村野聡、長谷川博之、雨宮久、田丸義明／学芸みらい社）
・谷和樹の国語ベーシックスキル（ＮＰＯ ＴＯＳＳ授業技量検定）
・国語教育指導用語辞典 第五版（田近洵一、井上尚美、中村和弘／教育出版）
・指名なし討論入門（三好真史／フォーラム・Ａ企画）
・向山型一字読解指導10の原則（椿原正和／https://land.toss-online.com/lesson/aak2qmyncuoz4zc7）
・「お話鉛筆」で友だちとコミュニケーションをとる（松島博昭／https://land.toss-online.com/lesson/abm7h2qg4nziahzm）
・小学校学習指導要領（平成29年告示）解説　国語編（文部科学省）

あとがき

国語科実践の「先哲の叡智」を、次の世代へ

令和六年度から使用される光村の国語教科書に、次の学習用語が初めて掲載されます。

「問いの文」

説明文における問いと答えの重要性は、向山洋一氏が三十年以上も前に、国語教育界に提唱しました。当時の国語教科書には、問いと答えがでたらめな説明文が多かったのです。「問いの文」「問いの言葉」「答えの文」などの学習用語は、向山型説明文指導における重要語句となりました。今でこそようやく当たり前になってきた「話者（語り手）」「クライマックス（山場）」などの学習用語も、向山氏の授業を皮切りに広まりました。

学習用語以外にも、国語の教科書で活かされている（あるいは、踏襲されている）向山洋一氏の考えや授業などがあります。たとえば、「かける」の授業、漢字文化の授業、「俳句は詩」とい

う定義、百人一首とその暗唱、挿絵の修正など、枚挙に暇がありません。

それらは先哲の叡智とも表現すべき、価値ある国語科実践です。教科書の内容に影響を与えているという点から見ても、そう言えるでしょう。教育という不断の営みにおいて、先哲の叡智を知り、現代的なニーズや諸課題、科学的知見などに合わせて工夫して使い、次の世代へと引き継いで行くことは、今を生きる私たち教師の役割だと思っています。

本書の内容のほとんどは、向山洋一氏やＴＯＳＳの先生方から学ばせていただいたものをもとにしています。また、執筆にあたっては、小林正樹氏をはじめとするＴＯＳＳ山形の仲間に、多くの助けをいただきました。この場を借りて厚くお礼を申し上げます。

末筆ながら、本書を世に出す機会を与えてくださった、学芸みらい社の樋口雅子編集長と阪井一仁氏に、心から感謝致します。また、教員の道を歩ませてくれた両親、毎日の生活を支えてくれている家族にも感謝します。

本書が多くの方のお役に立つのであれば、これに勝る喜びはありません。

佐藤智彦

［著者紹介］
佐藤智彦（さとう・ともひこ）

山形市立蔵王第一小学校教諭。山形県出身、大東文化大学文学部卒業。練馬区立仲町小学校教諭、山形県教育庁義務教育課指導主事などを経て、現職。TOSS（Teachers' Organization of Skill Sharing）で教育技術や学級経営の方法などを学び続けている。毎月１回、自身のサークル「TOSS PRIME」で学習会を催している。主な著書に『知的生活習慣が身につく学級経営ワークシート 11ヶ月＋α 5・6年』（編著）［学芸みらい社］、『学習者端末 活用事例付 国語教科書のわかる教え方 3・4年』（一部執筆）［学芸みらい社］他、『教育トークライン』［教育技術研究所］や『教室ツーウェイNEXT』［学芸みらい社］などでの論文多数。特技は英会話。趣味は革バッグ作り。３児の父。

学習用語とイメージ図で学ぶ
「光村国語」新登場教材の授業づくり

GAKUGEI MIRAISHA

2024年４月５日　初版発行

著　者　佐藤智彦
発行者　小島直人
発行所　株式会社学芸みらい社
〒162-0833　東京都新宿区箪笥町31番　箪笥町SKビル3F
電話番号 03-5227-1266
https://www.gakugeimirai.jp/
E-mail : info@gakugeimirai.jp
印刷所・製本所　藤原印刷株式会社
企　画　樋口雅子
編集協力　阪井一仁
校　正　菅　洋子
装丁・本文組版　橋本　文
カバーイラスト　山下純子

落丁・乱丁本は弊社宛お送りください。送料弊社負担でお取り替えいたします。

ISBN978-4-86757-048-7 C3037